我的第一本
法律书

陈咏梅 / 著　大　倩 / 绘

SPM 南方传媒 | 广东人民出版社
·广州·

图书在版编目（CIP）数据

我的第一本法律书 / 陈咏梅著；大倩绘．—广州：
广东人民出版社，2024.3
ISBN 978-7-218-17458-7

Ⅰ.①我…　Ⅱ.①陈…　②大…　Ⅲ.①法律—中国—
儿童读物　Ⅳ.①D920.4

中国国家版本馆 CIP 数据核字（2024）第 059717 号

WODE DI-YI BEN FALÜ SHU
我的第一本法律书

陈咏梅　著　　大　倩　绘

出 版 人：肖风华

责任编辑：马妮璐
责任技编：吴彦斌
装帧设计：李舒园　马文红

出版发行：广东人民出版社
地　　址：广东省广州市越秀区大沙头四马路 10 号（邮政编码：510199）
电　　话：（020）85716809（总编室）
传　　真：（020）83289585
网　　址：http://www.gdpph.com
印　　刷：天津海德伟业印务有限公司
开　　本：710mm×955mm　1/16
印　　张：8　　字　　数：140 千
版　　次：2024 年 3 月第 1 版
印　　次：2024 年 3 月第 1 次印刷
定　　价：38.00 元

如发现印装质量问题，影响阅读，请与出版社（020-85716849）联系调换。
售书热线：（020）87716172

人物介绍

小法

打扮年轻，时尚又帅气，精通法律法规，总是站在理性的角度告诉你哪些行为该做、哪些行为不该做，多听他的话准没错！

小律

常年穿黑色西装、白色衬衫，打着深色领带，神情严肃认真，他的每一句告诫都万万不可忽视。

小警

一名法律条文烂熟于心的警察大哥哥，总是适时地提醒你，什么行为要承担什么后果，让你引以为戒！

王磊

爱玩手机游戏，自己不怎么有主见，什么都听好朋友李小路的。

李小路

关键时候总能想到“好办法”，和王磊是好朋友。

唐豆豆

三年级小学生，性格柔弱，平时乖巧听话。

马亮亮

六年级学生，会拉二胡，被教务主任安排参加演出。

莫贝贝

四年级学生，容易相信别人，被“坏表哥”诱骗吸毒。

江涛涛

面对不合理的现象刚开始选择了沉默，但是为了同学，他最终勇敢地站了出来。

赵子奇

一个聪明好学、有想法的小学生，只是聪明用错了地方，误入歧途，差点儿走上犯罪的道路。

李萌萌

六年级学生，防范意识强，懂得保护自己和妹妹。

许亚亚

喜欢玩手机，结果因为玩手机上当受骗，好在最终认识到错误。

吴昊

六年级学生，勇敢，想跟朋友结伴去旅行。

赵磊

六年级学生，吴昊的同学和好友，想跟吴昊结伴去旅游。

李佳佳

有点儿虚荣，为了给宁檬买礼物，被工作人员诬陷偷钢笔。

赵玲

用零花钱在商场买摆件，后跟李佳佳一起被冤枉。

宁静

虽然名字叫宁静，但住在一个颇不宁静的住宅里，为各种噪音烦恼，好在通过维权使邻居认识到了错误。

郑筱筱

想拥有一只属于自己的宠物狗，但在经历许多事件后，知道了养宠物就必须对它负责到底，最后决定放弃养宠物。

小石头

也曾是顽皮的“熊孩子”，不过父母总能及时引导教育。在高铁上用自己的“鬼主意”教育了别的吵闹的“熊孩子”。

顾鑫

三年级的小男生，情感细腻，面对父母的离婚，从开始的担心，到后来坦然接受。

刘小萌

三年级的小女生，原本开朗活泼，因为爸爸的打骂变得胆小谨慎。

王璐

三年级小学生，原本乖巧懂事，可是却一不小心迷上了网络，学着打赏主播。

李楠

大大咧咧，喜欢花花草草和大自然的三年级小学生。

李壮

李楠的双胞胎哥哥，性格粗中有细，善于发现小细节。

杜佩佩

李楠、李壮的表姐，心地善良，心思细腻。

李晓川

小学四年级男生，虽然调皮捣蛋，但是知道什么该做，什么不该做。

李晓川表姐

有着“精明”头脑的初中生，满脑子都想着如何赚钱。

夏林

小学五年级学生，热爱大自然，喜欢钓鱼。

夏林的舅舅

热爱自然、尊重自然、保护自然的中年大叔。

阿轩

勤快听话的四年级小学生，总是帮父母干些力所能及的事。

目录

第一篇 学校篇

第二篇 社会篇

第三篇 生活篇

第四篇 环境保护篇

第一篇

学校篇

1 手机事件

因为五年级（三）班接下来是体育课，所以课间的时候，大多数同学都去了操场。李小路觉得口渴，于是跑回教室去取水喝，结果发现王磊在教室里。

直到上课铃响了，王磊才把手机塞进书包，两人匆匆跑到操场去上体育课。

体育课结束了，同学们陆陆续续回到了教室。王磊坐回座位顺手一摸，糟糕，手机不见了！他连忙把书包翻了个底朝天，还是没找到手机。同桌问他在找什么，因为怕老师知道他带了手机，所以王磊虽然心里很着急，但也只能哑巴吃黄连——有苦说不出。

李小路忽然想到了一个“好办法”，美其名曰“以其人之道还治其人之身”。因为接下来还有一节是计算机课，同学们都要到计算机房去，到那时候教室里没有人，他们可以以上厕所为借口，溜回教室把其他同学的书包都检查一遍！

班主任突然出现在教室门口，他奇怪地问：“王磊、李小路，你们俩不好好去计算机房上课，在教室里找什么？”

王磊“急中生智”，说道：“我……我突然有点儿拉肚子，没带纸，回教室找点儿纸。”

“那你呢？”班主任问李小路。

“我……我记得我书包里好像有纸，来帮他拿！”

“找到了赶紧去上课，别在教室里磨磨蹭蹭！”班主任说。

在班主任的注视下，他们俩只好放弃计划，从教室里走出来。

一招不成，那就再想想别的办法。

本来王磊和李小路平时挺喜欢上计算机课的，可这节课他们根本没心思听，满脑子都在想到底会是谁偷了手机。好不容易熬到下课，两人又凑在一起商量。

李小路说：“既然手机是上体育课的时候被偷的，那只有在体育课上离开过操场的人，才有作案时间，我们再想想，当时谁离开过操场。”

“一定是朱利利！”王磊脱口而出，“你还记得我们跑步的时候，他说他头晕，要去校医室开药吗？他肯定是回教室偷我手机了！”

“对，朱利利也喜欢玩手机游戏，肯定是他！”李小路说，“可是如果他不承认怎么办？”

“我表哥在这所学校上初中，他如果不承认，我就说让我表哥去揍他，吓唬吓唬他！”

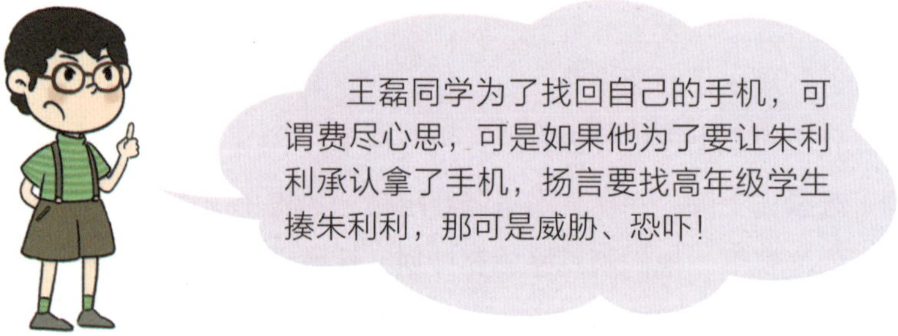

“你们在傻笑什么？”朱利利奇怪地打量着眼前拦住他傻笑的王磊和李小路。

王磊和李小路总算回过神来，发现原来刚才的画面是他们的想象。

“朱利利，把我的手机还回来！”王磊说。

“什么手机？”朱利利一脸茫然。

“上体育课的时候你回教室，是不是拿了王磊的手机？”李小路说。

“我没有拿你的手机！”朱利利说，“上体育课的时候我是真的不舒服，去了校医室，你们可以去问校医，再说了，我又不知道你今天带了手机！”

朱利利振振有词，王磊和李小路没辙了。

看到王磊和李小路无话可说，朱利利眼珠一转，脸上露出一抹神秘莫测的笑。

“给我 20 元，不然我告诉老师去！”朱利利说。

一听到朱利利要把手机的事告诉老师，王磊先慌了，连忙说：“别啊，我就是随口问问，你可千万别告诉老师。”

“朱利利，你太过分了吧！”李小路喊道。

“谁让你们违反校规的！要么拿钱，要么等着学校的处分，你们自己看着办吧！”朱利利扬扬得意地说。

王磊还在犹豫不决的时候，突然，传来了一阵喧哗声。原来，学校里来了一辆警车，从车上下来两名警察，径直往校长的办公室走去，同学们都从教室里跑出来，站在走廊里观望。

“听说初中部有个学生，一直利用别的班级上体育课教室里没人的时候，偷人家书包里的钱，学校报警了，应该是来抓他的吧！”有知情的同学说。

事已至此，王磊只好实话实说，把整个事情的经过描述了一遍。

警察调取了监控，果然在监控里看见一个戴着帽子的大个子学生，经常出入别的教室。而且就在今天早上，他正好去了五年级（三）班的教室。在事实面前，大个子学生承认自己偷了别人的钱，还有手机。经过警察初步认定，王磊的手机价值高于 1 000 元，学校很快通知了大个子学生的家长，在家长的陪同下，大个子学生被警察带走了。

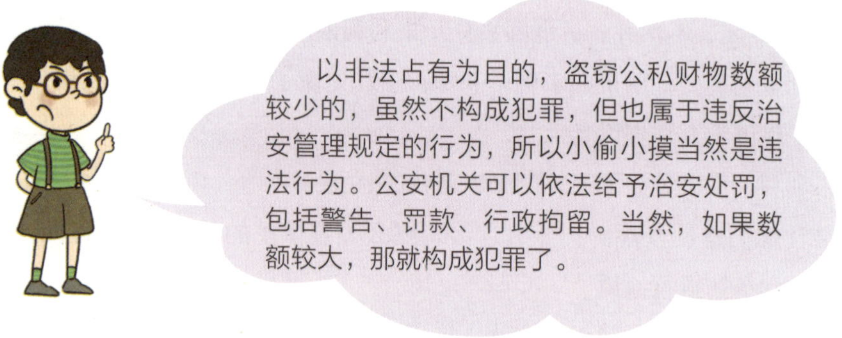

“校长，我错了，我不该违反学校规定，带手机到学校！”手机失而复得，王磊主动向校长承认了错误。

“既然你已经认识到错误，那就不请家长了，写个 1 000 字的检讨明天在班会上念吧！”校长说。

李小路嘀咕道：“1 000 字？还不如叫家长呢！”

“你说什么？对了，还有你，看来你是愿意让家长来一趟了？”校长问。

“不，不，我也写检查！”李小路连忙说。

和小律聊聊天

问 王磊和李小路玩手机有什么问题吗？

答 首先，王磊带手机到学校，违反了校纪校规，是错误的行为。其次，李小路作为王磊的好朋友，不但没有劝阻他，反而在学校和他一起玩游戏，也是不对的。

问 王磊的手机被偷拿了，他是受害者。但他们私自翻检同学们的书包，是侵犯了他人的隐私权吗？

答 对啊，遇到这样的事，最好的办法是向老师报告，请老师和学校调查。如果仍然解决不了，可以向派出所报案。

跟着小警学法律

《中华人民共和国刑法》第二百六十四条规定：盗窃公私财物，数额较大的，或者多次盗窃、入户盗窃、携带凶器盗窃、扒窃的，处三年以下有期徒刑、拘役或者管制，并处或者单处罚金；数额巨大或者有其他严重情节的，处三年以上十年以下有期徒刑，并处罚金；数额特别巨大或者有其他特别严重情节的，处十年以上有期徒刑或者无期徒刑，并处罚金或者没收财产。

2 有人欺负我

这天是李晓辉和唐豆豆值日，等他们俩扔完垃圾背上书包往家走的时候，同学们差不多都走光了，原本热闹的校园变得空荡荡的。

在保安大叔的“驱逐”下，李晓辉和唐豆豆背上书包向校门外跑去。

李晓辉和唐豆豆跑出校门，这个时候，学生们早都走光了，校门口冷冷清清的。因为他们俩的家不在同一个方向，所以两人在校门口挥手告别。

唐豆豆家住得比较远，所以他脚步匆匆，只顾埋头走路。他沿着校园墙外的人行道走，刚拐过一个弯时，突然被一条伸出来的腿绊了一下，一下子摔倒在地上。

“再摔一个，再摔一个就让你走！”几个高年级学生围住唐豆豆，起着哄。

唐豆豆一看没办法脱身，只能蜷起身子默默往后退。

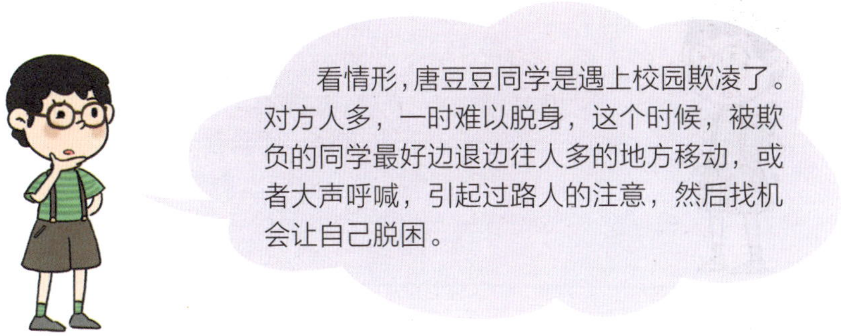

其中一个高个子男生猛然一推唐豆豆，唐豆豆一个踉跄，撞到一个人身上，那个人又推了他一把，唐豆豆站立不稳，后退几步，另一个男生趁机又伸出腿一绊，唐豆豆一屁股坐在地上，痛得他半天站不起来。

“记住，是你自己摔倒的！不要乱说话，不然，你懂的！”那几个高年级学生恶狠狠地扔下一句话，然后得意地扬长而去。

唐豆豆强忍着疼痛站了起来，慢慢地往家走去。

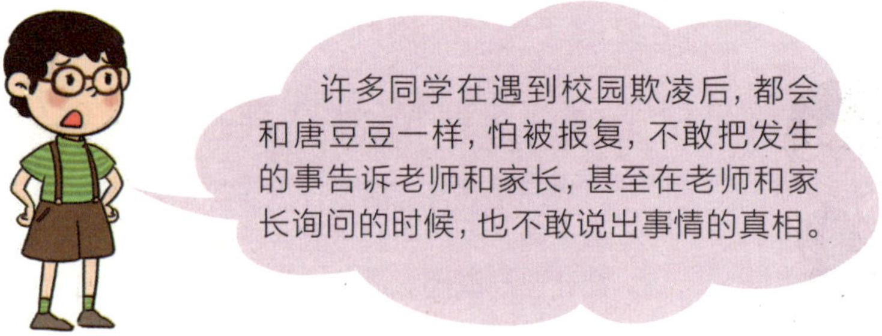

第二天早上，唐豆豆想告诉妈妈，让她放学时来接自己，可是，他又怕妈妈问原因，所以想了想还是没有说。

让唐豆豆没想到的是，他刚进校门，昨天那几个欺负过他的高年级学生就假装无意地在他的面前晃来晃去，还冲他做鬼脸，就连下课上厕所的时候，他都觉得被人盯着。

唐豆豆心烦意乱，上课的时候被老师批评了好几次，说他注意力不集中。下课了他也没心思和同学玩，只是趴在桌上发呆。同桌李晓辉发现了唐豆豆的反常，就问他是怎么回事。在李晓辉的再三追问下，唐豆豆才吞吞吐吐地告诉李晓辉，昨天在回家路上他被高年级同学欺负的事。

离放学的时间越近，唐豆豆越是忐忑不安。

放学铃声一响，唐豆豆便背起书包夹在同学中匆匆向校门口走去。他希望那几个欺负过他的高年级学生还没有从教室出来，或者因为学生多，他们认不出他来。

经过昨天的那个拐角时，唐豆豆还特意先探头看了看，确定没有那几个高年级学生的身影，这才松了一口气。

突然唐豆豆的书包被人拽了一下，唐豆豆回头一看，又是那群高年级学生。

原来，李晓辉不放心，还是把唐豆豆放学后在校园外被高年级学生欺负的事告诉了老师，老师听后特别重视，连忙和学校的保安大叔一路找来。在老师和保安大叔面前，那几个欺负唐豆豆的高年级学生心虚地垂下了头。

最后，老师联系了唐豆豆的妈妈和那几个高年级学生的家长，分别和他们谈了话。这几个高年级学生在老师的教导下，也意识到自己欺负同学是不对的，并一再保证以后再也不会欺负同学了。

和小律聊聊天

问 我们应该默默承受欺凌伤害吗？

答 在遭受欺凌时，我们首先要告诉自己不要害怕，欺负别人是错误的行为，欺凌别人是违法的，法律会保护我们的。所以，我们心里一定要有决不妥协的勇气，在第一次遭受欺凌后，就要及时告诉老师和家长，或者找警察报案。

问 校园欺凌不光是指殴打等给身体造成伤害的行为，还应该包括对精神、心灵造成伤害的行为吧？

答 对，教育部颁布的《未成年人学校保护规定》，就明确了侵犯身体、侮辱人格、侵犯财产、恶意排斥、网络诽谤或传播隐私等五类校园欺凌行为。也就是说，像是给同学取侮辱性的外号，当众嘲笑、辱骂，在网络上攻击、恶搞同学，甚至故意孤立某一个同学，虽然没有给对方的身体造成伤害，却造成了精神上伤害的，这些行为都属于校园欺凌。

跟着小警学法律

《中华人民共和国刑法》第二百三十四条规定：故意伤害他人身体的，处三年以下有期徒刑、拘役或者管制。

犯前款罪，致人重伤的，处三年以上十年以下有期徒刑；致人死亡或者以特别残忍手段致人重伤造成严重残疾的，处十年以上有期徒刑、无期徒刑或者死刑。本法另有规定的，依照规定。

3 被劝退的同学

这天，六年级（一）班正在上语文课，周老师为了提高同学们的写作水平，正在声情并茂地给同学们朗读几篇经典散文。这时，教务主任走了进来，对周老师说："周老师，您先把课停一下，我有任务要安排。"周老师只好停止朗读，听教务主任安排任务。

教务主任的说法是，过几天有个文艺演出，听说六年级（一）班有几个自小就上过舞蹈班的学生，所以才要抽她们去排练。

"什么演出？最近学校没什么文体活动啊！"周老师说。

"暂时保密！"教务主任故弄玄虚。

教务主任一边登记名字，一边说："你们班是不是有个叫付艳艳的，是谁？"

付艳艳站了起来。

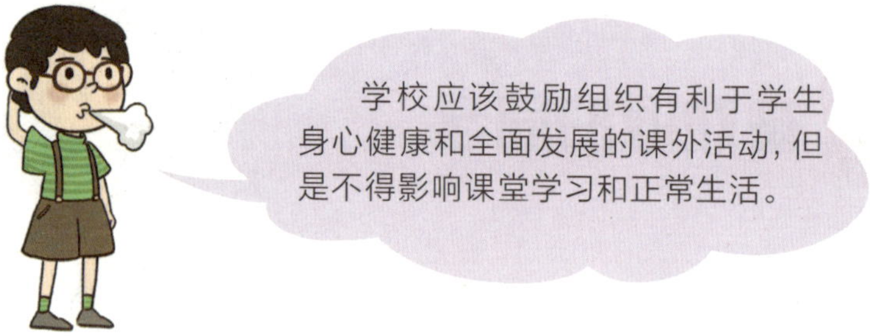

教务主任看了她一眼，说：“你跳舞不是很好吗，我记得你以前还代表我们学校参加过全县的比赛呢，怎么不举手？”

付艳艳小声地说：“我最近身体不舒服，不能跳舞！”

“这是一次很重要的演出，你就克服一下嘛！”教务主任不由分说把她的名字登记上了。

教务主任登记完跳舞的同学后，又说道：“我听说你们班好像还有个同学二胡拉得特别好，是谁？这个同学也参加一下吧！”

同学们的目光都看向马亮亮。

这天放学的时候，付艳艳因为排练节目，回家的时候已经很晚了，再加上身体不舒服，吃完饭，想先趴在床上躺一会儿再做作业。谁知道一觉竟然睡到半夜了，想到作业还没做，只好又睡眼惺忪地爬起来做作业。

马亮亮按时放学回了家，他匆匆吃完饭，赶紧先做作业。可是六年级的学生，面临升初中的考试，作业自然多些，等他做完已经快十一点了。虽然已经很困了，但因为有重任在身，他只好硬着头皮拿起二胡，可是还没拉几下，就有邻居前来敲门了，说他这是扰民，再拉就投诉！爸爸妈妈连忙给人家道歉，并保证以后夜间再不拉二胡了。

第二天课间时，班上素有“小灵通”之称的武小乐得意地宣布：“我已经知道你们要参加的是个什么样的演出了！”

“什么演出？”大家好奇地问。

“据说是为一个大型游乐场开业‘助兴’，你们这是要走出校园，向人民大众展示才艺了，哈哈哈……”

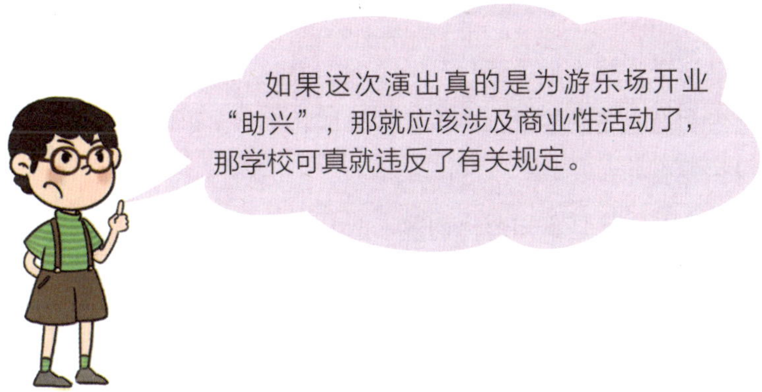

下午下课后，几个被要求参加排练的女同学没精打采地趴在课桌上“吐槽”。

“本来六年级了，学习时间就紧张，放学还要排练，太累了，我实在不想参加！”一个女同学说。

“是啊，我昨晚作业做到快十二点了，今天上课的时候直想打瞌睡！”

“既然大家都不想参加，那我们去对班主任说不参加了！”马亮亮提议道。

“你没看见班主任也没办法，这事归教务主任管！”付艳艳说。

“那我们就去找教务主任！”马亮亮说。

“唉，早知道我就不举手了！”一个同学说。

“付艳艳和马亮亮没举手，还不是被‘抓壮丁’了！”另一个同学说。

“那现在怎么办？”

“办法倒是有，就是不知道你们敢不敢？”马亮亮说。

“快说，什么办法？”

“我的办法就是一放学，大家赶紧收拾书包回家！”马亮亮说，“反正我们已经表达过我们的意愿了，是教务主任不听！”

结果这天放学后，教务主任和舞蹈老师迟迟没等到六年级(一)班的同学来排练。

教务主任大为恼火：“哼，我还拿你们没办法了！”

学生在学校确实要有组织纪律性，要听从学校的统一安排，但是学校也应当尊重学生的参与权和表达权，而不是对同学们的合理要求不理不睬。

当天晚上，马亮亮在内的六名同学的家长，都接到了学校的电话通知，说是马亮亮等六名同学无视校纪校规，不服从学校安排，决定给予停课三天的处罚。

家长们都是一脸懵，在追问之下，才知道发生了什么。家长们虽然觉得这个处罚有点儿不合理，但在学校的“义正词严”之下，只能无奈接受。

只有身为律师的马亮亮的爸爸不这样想，他决定第二天去找学校理论。

接待他的正是教务主任。

“其实校纪校规不重要，重要的是您认为学生挑战了您的权威吧！”马亮亮爸爸不卑不亢地说。

教务主任猛然站了起来：“马亮亮爸爸，正是因为有你这样的家长，才纵容了马亮亮怂恿同学们和老师作对，这样的同学留在我们学校会影响到其他的同学，我觉得现在很有必要对马亮亮同学进行劝退！”

“您恐怕还没这个权利吧！”马亮亮爸爸毫不畏惧。

马亮亮爸爸当即向当地教育部门反映了这件事。很快，教育部门就责令马亮亮所在的学校立即停止参与商业性的演出，撤销对所牵涉学生的停课处罚，并对学校领导和主办这件事的教务主任提出批评。

至于马亮亮同学被劝退一事，因为只是口头说说，并没有形成事实，所以，马亮亮和他的小伙伴们仍然坐在明亮的教室里听老师讲课。

和小律聊聊天

问 学生应该参加学校安排的商业演出吗?

答 《中华人民共和国未成年人保护法》第三十八条规定了学校、幼儿园不得安排未成年人参加商业性活动，在此基础上，《未成年人学校保护规定》更进一步明确规定学校不得组织、安排学生从事抢险救灾、参与危险性工作，不得安排学生参加商业性活动及其他不宜学生参加的活动。所以，如果学校让同学们参加这几件事，同学们有权拒绝。

问 马亮亮等同学应该接受停课、劝退的处罚吗?

答 九年义务教育阶段，任何学校和个人都没有这个权利对学生进行停课、劝退的处罚。学生在九年义务教育期间，除了有违反国家法律、危害民族利益等重大违纪行为外，是不允许被劝退的。

跟着小警学法律

《中华人民共和国未成年人保护法》第四条规定，保护未成年人，应当坚持最有利于未成年人的原则。处理涉及未成年人事项，应当符合下列要求:

（一）给予未成年人特殊、优先保护;

（二）尊重未成年人人格尊严;

（三）保护未成年人隐私权和个人信息;

（四）适应未成年人身心健康发展的规律和特点;

（五）听取未成年人的意见;

（六）保护与教育相结合。

4 好奇害死猫

莫贝贝的爸爸妈妈经营着一家店铺，最近几天他们比较忙，顾不上回家做饭，于是给了莫贝贝许多零花钱，让他每天放学后自己在外面吃，吃完饭后再回家做作业。这对于本来就不喜欢回家做作业的莫贝贝来说，自然是求之不得。

所以放学后，他并不着急回家，而是边走边左顾右盼，想着去好玩儿的地方。

“贝贝！我是你表哥啊，你不记得我了？”一个瘦高个小青年亲昵地拍了拍莫贝贝的肩膀，“不过也难怪，你还是小的时候见过我呢！”

“哦，表哥啊……”虽然莫贝贝将信将疑，但因为对方的热情，他只好含糊地应了一声。

“我们正好要去玩儿，走，我带你去长长见识。”表哥热情地说，另外几个小青年也热情地邀请莫贝贝。

莫贝贝想着反正自己也不着急回家，于是就跟着他们去了。

莫贝贝在表哥和他那群朋友们的带领下，来到了一个街边小酒吧。

莫贝贝是第一次来这种地方，对这里的一切都充满了好奇。再加上表哥对他也是格外照顾，特意给莫贝贝买了小吃和好喝的饮料，莫贝贝很快就和他们打成了一片。

过了一会儿，表哥拿出了一些花花绿绿的像“邮票”一样的小纸片放进了嘴里。

看到莫贝贝诧异的样子，表哥告诉他，这种“邮票”不但可以吃，而且吃完以后整个人的感觉就像是要飞起来一样，特别好玩。然后表哥大方地给他撕了半片“邮票”让他也试试。

这种可以吃的“邮票”其实是一种半人工合成的致幻剂，是第三代新型毒品，别看它看起来不过是个很小的纸片，毒性却是摇头丸的3倍！仅仅几微克，就可以让人产生幻觉。所以，大家一定要提高警惕！

莫贝贝本来有些迟疑，但经不住表哥的热情劝说，犹豫了一下，还是在好奇心的驱使下，把“邮票”小心地放在嘴里尝了尝。

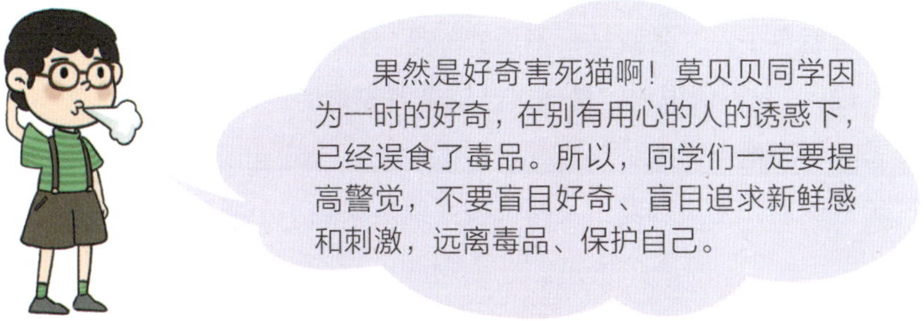

既然有好东西，自然得优先考虑好朋友。于是，第二天下课后莫贝贝把王昊叫到教室外面，绘声绘色地给他讲可以吃的“邮票”是如何神奇，并说放学后带他一起去看看。

一整天，莫贝贝老是想着那种神奇的“邮票”，上课也是精神恍惚。好不容易等到放学，莫贝贝拉着王昊就往小酒吧跑。

小酒吧里，表哥和他的朋友们已经到了。

表哥见莫贝贝这么快就带了同学来，自然十分高兴。他还向莫贝贝和王昊展示了另外几种“好东西”。

王昊指着表哥展示的东西奇怪地说：“这不是小熊饼干吗？这个？这分明是糖片嘛！”

莫贝贝也说道：“这个是跳跳糖……这个难道不是彩虹糖吗？”

随后王昊和莫贝贝从小酒吧里走出来。

王昊问莫贝贝："他真的是你表哥吗？"

莫贝贝说："应该是吧！"

王昊一听就急了："是就是，不是就不是，什么叫应该是？"

莫贝贝说："我不认识他，是他自己说是我表哥的。"

王昊若有所思地点了点头。

第二天放学后，王昊和莫贝贝两人按照约定来到了小酒吧，表哥已经在那里等着了。

表哥问："带钱了吗？"

王昊说："带了，东西呢？一手交钱、一手交货！"

表哥大惊失色，连忙回头去看，却见几个警察站在身后。

原来，王昊早就觉得表哥拿的东西很可疑，所以才假装自己没有拿钱，之后又听莫贝贝说根本不认识他，就觉得更可疑了。于是两人商量后决定告诉王昊的爸爸，王爸爸一听，立即带他们报了警。

通过公安机关鉴定，表哥拿的这些所谓的最流行的"小零食"都属于第三代新型毒品。在证据面前，表哥如实交代了自己引诱未成年人吸食、贩卖毒品的事实，为了争取宽大处理，他还主动交代了自己的上线和同伙，警方根据他提供的线索，破获了一起毒品吸食、贩卖案件。

和小律聊聊天

问 放学后可以和陌生人走吗?

答 同学们无论在上学还是放学的途中，尽量不要和陌生人说话。对于那些主动搭讪的陌生人，要提高警惕，不要轻信他们说的话，自己的钱财更不要张扬外露。

问 可以吃陌生人给的食物吗?

答 我们一定不要随便拿陌生人给的东西、吃陌生人给的食物、喝陌生人给的饮料。

跟着小警学法律

《中华人民共和国刑法》第三百四十八条规定：非法持有鸦片一千克以上、海洛因或者甲基苯丙胺五十克以上或者其他毒品数量大的，处七年以上有期徒刑或者无期徒刑，并处罚金；非法持有鸦片二百克以上不满一千克、海洛因或者甲基苯丙胺十克以上不满五十克或者其他毒品数量较大的，处三年以下有期徒刑、拘役或者管制，并处罚金；情节严重的，处三年以上七年以下有期徒刑，并处罚金。

5 勇敢地说“不”

一学期一次的家长会上，班主任李老师先是忧心忡忡地介绍了五年级（二）班目前的严峻形式，说他为了提高学生的学习成绩，可谓呕心沥血，可是孩子们的成绩还是没有提高，希望家长也能负起一定的责任，共同来提高学生的成绩。

他的话说得情真意切，让许多家长感动不已，纷纷点头称是。

然后李老师话锋一转，说现在就有个好消息。原来，他是为了介绍一款学习机，上面有各科的微课、习题讲解等，是专门给没有时间辅导孩子作业的家长量身打造的。所以，老师希望各位家长人手一台。

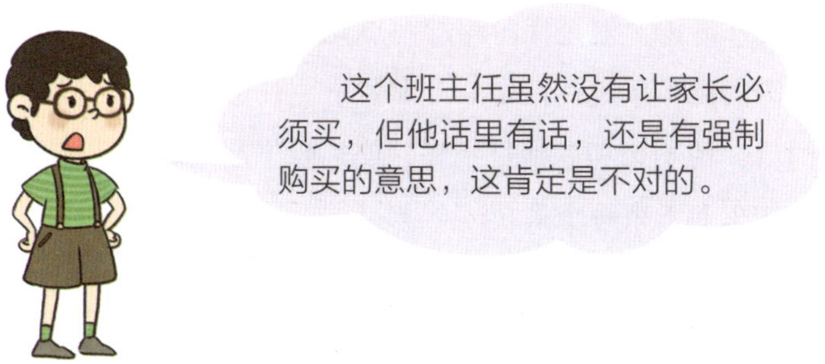

江涛涛发现开完这次家长会，爸爸和妈妈破天荒地没有对他进行会后教育，而是把话题一直围绕在买不买学习机上。

爸爸说："说是学习机，其实就是平板电脑，现在网上乱七八糟的东西那么多，这不但不能让孩子专心学习，还有可能让孩子沉迷网络，就不应该买！"

妈妈说："其实许多家长都是这样想的，可是人家老师说了，如果不买，以后孩子的学习成绩就不能保证，你说能不买吗？不过老师说了，这款学习机不能下载游戏和其他娱乐内容……"

爸爸妈妈经过一番讨论后，最终的结果是随大流——买。

第二天上课的时候，老师表扬了江涛涛。

虽然老师表扬了江涛涛，但是江涛涛却一点儿也高兴不起来。

放学后，江涛涛闷闷不乐地往回走。在路过班主任家小区的时候，他看到班主任正站在小区大门口，他不想和老师打招呼，连忙躲了起来。正在这时候，一辆车停在了小区门口，从车上下来一个人。

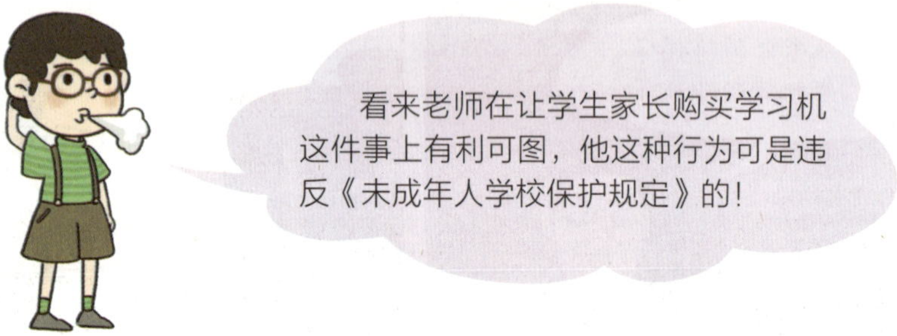

回到家，江涛涛把自己看到的告诉了爸爸妈妈，并且说他不想要学习机了，爸爸妈妈却让他不许胡说，江涛涛觉得很无奈，但也没有办法。

第二天上学的时候，江涛涛看见顾盼盼站在校门口不愿意进去，林小玲正在劝她。

原来，顾盼盼的父母一直在外打工，她一直由奶奶照顾，就连开家长会都是奶奶来的。顾盼盼打电话告诉妈妈老师要求买学习机的事，结果妈妈说没钱不买，就挂了电话。

江涛涛听后，安慰顾盼盼说："你别怕，我们大家一起想办法！"

现在班主任上课的第一件事，就是催促同学们尽快让家长交钱。并且，他又把江涛涛表扬了一番，说正是因为江涛涛有负责任的父母，所以才成绩好。不像有些同学的家长，把孩子交给学校后就不管不顾，既然舍不得给孩子投资，那就只能让孩子没出息。

江涛涛觉得如坐针毡，他猛然站了起来。

面对恼怒的班主任，江涛涛突然不知道哪来的一股勇气，他不但没有去教室外面，反而说道：“老师，我是来上课学习的，您没有权利不让我上课！”

这时候，顾盼盼突然也站起来说：“老师，我妈妈说了没钱，不要学习机！”

紧接着，又有几个同学站了起来，纷纷说他们都不需要学习机。

遇到这种情况，班主任觉得他的权威受到了挑战，而这都是江涛涛带的头，他顿时火冒三丈，冲到江涛涛面前，连拉带扯地将江涛涛拽到教室外。可一回头，发现班上大部分同学，竟然都跟着走了出来，站在了教室外面。

“反了，反了，你们这个班我教不了了，你们另请高明吧！”班主任气冲冲地走了。

班主任让江涛涛在教室外罚站，应该算是一种变相体罚。《中华人民共和国未成年人保护法》第二十七条规定：“学校、幼儿园的教职员工应当尊重未成年人人格尊严，不得对未成年人实施体罚、变相体罚或者其他侮辱人格尊严的行为。”

李老师和校长说，如果不处分江涛涛，他就不上课了。而且，他还要江涛涛在全校师生大会上为自己顶撞老师的行为做出深刻检讨。

校长亲自找江涛涛谈话。

自从那天同学们用“陪站”默默地支持他之后，江涛涛突然变得勇敢起来，他把事情从头到尾地告诉了校长。

校长听后沉默良久，没说一句话就让江涛涛走了。

发生这样的事，江涛涛的爸爸妈妈更是忧心忡忡，他们甚至想让江涛涛写份检讨，然后去拜访班主任，让他高抬贵手，不要处分江涛涛了。

几天后，学校召开全校师生大会，校长宣布了一条处分决定。

和小律聊聊天

问 学校可以强制家长购买规定外的资料吗？

答 《未成年人学校保护规定》第十四条第二款规定："学校不得违反规定向学生收费，不得强制要求或者设置条件要求学生及家长捐款捐物、购买商品或者服务，或者要求家长提供物质帮助、需支付费用的服务等。"

问 我们应该如何保护自己的合法权益？

答 同学们要相信，每个人的合法权益都受法律的保护。所以，当你被误解、被冤枉的时候，你要大胆地进行解释和申辩。

跟着小警学法律

《中华人民共和国义务教育法》第二十九条，教师在教育教学中应当平等对待学生，关注学生的个体差异，因材施教，促进学生的充分发展。

教师应当尊重学生的人格，不得歧视学生，不得对学生实施体罚、变相体罚或者其他侮辱人格尊严的行为，不得侵犯学生合法权益。

第二篇

社会篇

1 聪明反被聪明误

赵子奇是从四年级暑假的时候开始接触电脑编程的，那时候，家里有一台台式电脑，每天爸爸妈妈上班后，他就在上面玩会儿游戏、和同学聊会儿天、浏览一些网站。有一天，他在网上看到了一个编程课程视频。

对于赵子奇想学编程这件事，爸爸妈妈刚开始觉得对于一个小学四年级的学生来说，编程是件遥不可及的事，认为他就是为了多玩会儿电脑找的借口，并没有在意。

经过一段时间的钻研学习，赵子奇对编程很快就入门了。有一天，赵子奇妈妈在上班的时候，电脑上突然收到了赵子奇发来的一个文件。妈妈随手点开，上面是一句话。

赵子奇用自己编写的程序，竟然远程关了妈妈的电脑。妈妈觉得作为小学生，赵子奇简直太厉害了，直夸赵子奇聪明。

这次“小试牛刀”让爸爸妈妈看到了赵子奇在编程方面的潜力。既然是潜力，他们觉得就应该好好开发，于是他们给赵子奇买了编程课程，赵子奇自己也经常在网上查找一些关于编程的教学视频来看，常常废寝忘食。

不得不说赵子奇同学是个聪明、学习能力强的孩子。但是，如果他学习编程的目的仅仅是为了制造计算机“病毒”，能够入侵别人的电脑，这就十分危险了。

很快，赵子奇小小年纪就会编程，并能远程控制别人电脑的事就被大家知道了。对于赵子奇来说，这次的“成功”，让他对编程的兴趣更加浓烈了。

转眼间，赵子奇已经上五年级了。一天，他放学回家后，发现妈妈正坐在沙发上生闷气，原来妈妈在网上购买了一个电饼铛，收到货的时候看到包装箱没有损坏，也就没有当面验货，谁知拿回家打开包装一看，电饼铛的盖子上有一条裂痕。妈妈将照片发给卖家，希望换货，可是卖家以没有当面验货为由，说也可能是妈妈自己摔坏的，拖着不解决这个问题，现在干脆不回复妈妈消息了。

妈妈说这卖家的态度太令人生气了。

赵子奇一听，说：“妈妈别生气，我有办法给你出气。”

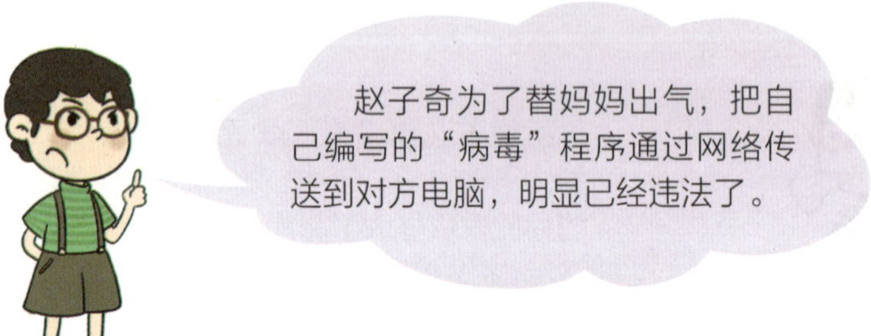

因为购物网站的卖家请维修人员很快解决了问题，所以也没有太过在意，这件事很快就过去了。

当然，赵子奇的爸爸妈妈也没有意识到问题的严重性，反倒觉得这么小的孩子，可以“黑”别人的电脑，是一件很厉害的事。赵子奇也是沾沾自喜，为了炫耀自己的“本领”，他突发奇想，决定干一件更有“意义”的事。

原来，赵子奇觉得更有"意义"的事，就是将自己编写的可以入侵别人电脑的病毒程序在网上公开，供人们自由下载使用。由于这个程序操作简单，使用方便，一时之间被许多人下载使用。有些人只是觉得好玩，想恶搞一下同事、朋友，但也有的人是恶意报复、故意破坏别人的电脑系统，总之，这件事情很快就引起了公安部门的注意。

网监警察很快就锁定了"病毒"来源。

这天是周末，赵子奇照例"沉迷"在敲击代码带来的愉悦中，就连敲门声他都没听见，爸爸去开门，看见门外站着两名警察，不由得愣住了。

在爸爸妈妈的陪同下，赵子奇接受了警察的询问。这个时候，他才意识到自己闯下大祸了。爸爸妈妈也是这个时候才知道，制作、传播计算机病毒等破坏性程序属于违法行为，任何单位和个人不得制作、传播计算机病毒等破坏性程序，包括故意输入计算机病毒，提供病毒、木马等恶意代码以及包含有各种恶意代码程序的下载服务，不得向他人提供含有计算机病毒、木马的软件和媒体，不得销售、出租、附赠计算机病毒程序以及含有计算机病毒、木马的软件和媒体，如有违反，公安机关将按照有关法律规定予以查处。

不过，鉴于赵子奇并没有想要通过控制别人的电脑以达到什么违法目的，而且赵子奇只有 12 岁，可以免予处罚。警察只是责令其爸爸妈妈对他严加管教。

其中一个警察拍了拍沮丧的赵子奇说：“赵子奇同学，你小小年纪就能自己敲代码、写程序，说明你是个聪明的孩子，尤其在计算机方面，还是很有天赋的。但你要知道，掌握计算机技术除了可以当‘黑客’外，还可以丰富人们的娱乐生活，为人们的生活提供更丰富的网络体验。所以赵子奇同学，只要你的聪明用在正确的地方，一定可以成为一个计算机‘牛人’的！”

赵子奇好像明白了些什么，他对爸爸说：“爸爸，您能不能别阻止我学编程，我保证以后不再制作‘病毒’，我要学习真正有用的计算机技术，以后要像警察叔叔一样，专门抓网络上的坏人！”

和小律聊聊天

问 赵子奇自制“病毒”，入侵别人的电脑对吗？

答 当然不对。计算机“病毒”其实也是一种程序，这种程序如果通过网络传入别的计算机，就会对计算机原有的系统起到破坏作用，可能会导致计算机系统崩溃、数据丢失等。赵子奇为了替妈妈出气，把自己编写的“病毒”程序通过网络传送到对方电脑，明显已经违法了。

问 未成年人要承担法律责任吗？

答 未成年人违反治安管理处罚法，视年龄、违法情况可以从轻、减轻或者免予处罚。赵子奇属于不满十四周岁的未成年人，由于年龄小，认知简单，不具有责任能力，所以没有给予处罚，这是合理合法的。

跟着小警学法律

《中华人民共和国刑法》第二百八十六条规定：违反国家规定，对计算机信息系统功能进行删除、修改、增加、干扰，造成计算机信息系统不能正常运行，后果严重的，处五年以下有期徒刑或者拘役；后果特别严重的，处五年以上有期徒刑。

违反国家规定，对计算机信息系统中存储、处理或者传输的数据和应用程序进行删除、修改、增加的操作，后果严重的，依照前款的规定处罚。

故意制作、传播计算机病毒等破坏性程序，影响计算机系统正常运行，后果严重的，依照第一款的规定处罚。

单位犯前三款罪的，对单位判处罚金，并对其直接负责的主管人员和其他直接责任人员，依照第一款的规定处罚。

2 不要对我动手动脚

周末的时候，爸爸妈妈不在家，李萌萌在自己的房间做作业，刚上一年级的妹妹李小萌自己在客厅里玩。突然有人敲门，李萌萌从自己房间出来的时候，看到妹妹正要开门，她连忙阻止了妹妹。

为了打消李萌萌的疑虑，王叔叔隔着猫眼扬了扬手里拎着的东西说："我是王叔叔啊，看，我还给你们买了饮料。"

"王叔叔又不是坏人，我们把门打开吧！"妹妹说道。

"好吧！"李萌萌打开了门。

看到李萌萌要给爸爸妈妈打电话，王叔叔连忙站起来说他还有事，便匆匆走了。

晚上爸爸妈妈回来后，李萌萌把这件事原原本本地告诉了他们，爸爸妈妈一脸疑惑地说：“我们出去的时候碰到了王叔叔，他知道我们没在家啊，怎么还来家里？”

“我看这个王叔叔肯定别有用心，以后我们不要和他来往了！”妈妈说。

爸爸表示赞同：“对，今天萌萌的表现特别棒，以后小萌也要像姐姐一样，要知道保护好自己！”

不得不说，李萌萌同学的表现确实很棒，她虽然开了门，但是她时刻对土叔叔保持戒备之心，不让他触碰自己，同时也不让妹妹和王叔叔单独相处，而且事后也能及时把这件事告诉父母。

李萌萌发现最近她的同桌杜丽和以前有些不一样了。

杜丽原本是个阳光开朗的女生，课间休息的时候经常和李萌萌说说笑笑。可是现在，杜丽总是闷闷不乐的，就连下课了也不和李萌萌说一句话，只是坐着发呆。李萌萌问她怎么了，她也不说。

周末，她们一起参加美术培训课，辅导班老师说：“杜丽同学，你这次画得一塌糊涂，重画，画完后交到我办公室来！”说完径直走了。

李萌萌发现当辅导班老师说完让杜丽去办公室时，杜丽明显有些紧张不安。

“你害怕去老师的办公室吗？”李萌萌问。

杜丽迟疑了一下，点了点头，并告诉李萌萌她上一次去老师办公室时发生的事。

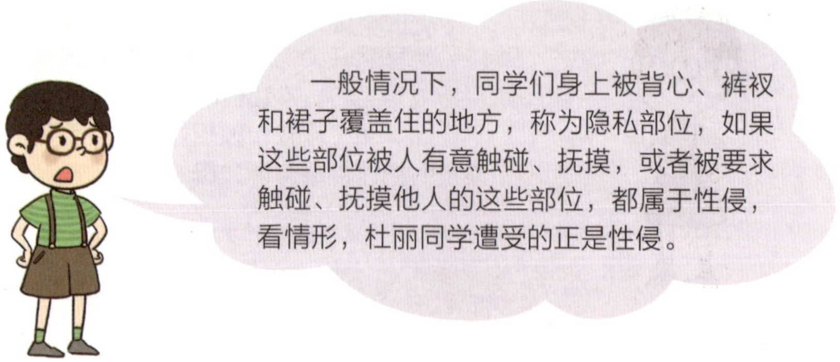

听完杜丽的话，李萌萌也不知道该怎么办才好。她虽然知道辅导班老师这样的行为是错误的，可他是老师啊，应该怎么办呢？

李萌萌看着无助的杜丽，说道：“别怕，我陪你一起去吧，我们两个人一起，他就不敢对你动手动脚了！”

“可是这样的话，辅导班老师一定会认为我把事情告诉你了，他肯定不会推荐我参加比赛了。”杜丽无奈地说。

“要不，我们这样吧……”李萌萌在杜丽耳边悄悄地说。

老师虽然很恼火，但还是强忍着怒气，匆匆去了教室看“现场”。李萌萌赶紧趁机拉着杜丽一起跑了。

等两人跑出学校好远，才气喘吁吁地停下来。

“李萌萌谢谢你，你真好！”杜丽说。

“可是我觉得，这件事你应该告诉爸爸妈妈！”李萌萌说。

“如果我告诉爸爸妈妈，他们肯定会去找辅导班老师，这样一来，辅导班老师肯定不会推荐我了！”杜丽小声地说。

“我妈妈说了，别看我们还是小孩子，但如果有人触摸我们身体的隐私部位，那是性侵，是犯法的。辅导班老师他犯了法，警察会抓他的，我们不用再怕他！”李萌萌认真地说。

“警察真的会抓他吗？他可是老师呢。”杜丽有些不相信。

“当然会！”李萌萌肯定地说。

杜丽妈妈和李萌萌妈妈站在窗外，隔着窗户玻璃，能看见教室里杜丽和李萌萌的背影。

杜丽妈妈感激地对李萌萌妈妈说：“谢谢你，李萌萌妈妈，谢谢你教会李萌萌相关的防范意识和法律意识，这才没让我们杜丽和更多的孩子再次受到伤害。”

原来，杜丽听了李萌萌的话，回家后把自己遇到的事如实对爸爸妈妈说了，爸爸妈妈觉得此事非同小可，决定报警。警察在调查取证后，发现辅导班老师多次以推荐候选人的名义，叫班上的女学生到办公室，实施性侵。这些女孩子在辅导班老师的哄骗和威胁下，都不敢告诉家长，才导致了辅导班老师一直逍遥法外。

不过“天网恢恢，疏而不漏”，等待他的，必将是法律的严惩。

和小律聊聊天

问 可以让他人触碰自己的身体吗？

答 同学们要知道，身体只属于我们自己，任何人一旦想要触碰，或者让你触碰他的身体，并一再告诉你，让你保守秘密，这都是他们心怀鬼胎，我们必须拒绝。

问 被人触碰隐私部位后要寻求帮助吗？

答 被坏人触碰了隐私部位，做了让自己觉得不舒服的动作后，一定要寻求帮助，避免受到二次伤害。

跟着小警学法律

强奸罪：是指违背妇女意志，使用暴力、胁迫或者其他手段，强行与妇女发生性关系的行为，或者故意与不满十四周岁的幼女发生性关系的行为。《中华人民共和国刑法》第二百三十六条第一款、第二款规定：“以暴力、胁迫或者其他手段强奸妇女的，处三年以上十年以下有期徒刑。奸淫不满十四周岁的幼女的，以强奸论，从重处罚。”

猥亵儿童罪：是指以性刺激或满足性欲为目的，用性交以外的方法对儿童实施的淫秽行为。不满十四周岁的男童女童都可以作为本罪的受害人或猥亵对象。《中华人民共和国刑法》第二百三十七条第三款规定：“猥亵儿童的，处五年以下有期徒刑；有下列情形之一的，处五年以上有期徒刑：（一）猥亵儿童多人或者多次的；（二）聚众猥亵儿童的，或者在公共场所当众猥亵儿童，情节恶劣的；（三）造成儿童伤害或者其他严重后果的；（四）猥亵手段恶劣或者有其他恶劣情节的。”

3 手机里的陷阱

到学校领了成绩单，许亚亚一看自己的成绩，平均分在九十分以上，别提多高兴了。因为爸爸妈妈早就说了，如果这次期末考试平均分在九十分以上，接下来的这个假期就让他实现“手机自由”。为了这个奖励，许亚亚这学期可没少努力，连老师都对他的进步提出了表扬。

虽然爸爸妈妈说了，每天早上玩一小时、下午玩一小时，可是，有时候爸爸妈妈忙起来，也顾不上监管他，他也可以多玩会儿。许亚亚想打游戏就打游戏，想和同学聊天就和同学聊天，差不多也算是实现了“手机自由”。

这天，爸爸妈妈刚一出门，许亚亚又拿出手机上网玩。他最近几天刚下载了一个好玩的游戏，正玩得不亦乐乎，突然，他的 QQ 提示一个昵称叫“有钱一起花”

的人申请加他为好友，许亚亚想都没想便同意了。对方说他是一名初中生，因此两人聊得很投机，“有钱一起花”还给许亚亚发了一个 10 元钱的红包，并告诉许亚亚是因为自己进了一个群，里面有任务，完成任务就可以领红包！

被“有钱一起花”拉进群后，许亚亚发现在这个群里果然可以领红包，当然，前提是要完成一定的任务。在“有钱一起花”的指点下，许亚亚决定完成一个投票任务。任务很简单，只要从群里发的链接点进去，按照提示进行投票就行了。许亚亚很快就完成了任务，于是去找群主“结账”，可是群主让他先扫描二维码，然后再输入代码。

说好的“红包”不但没领到，反而把自己的钱支付出去了，许亚亚连忙问“有钱一起花”怎么办。

“有钱一起花”说可能是系统弄错了，他给许亚亚一个 QQ 号，让许亚亚加上。于是，在“有钱一起花”的提示下，许亚亚又加上了一个自称是“工作人员”的QQ号。

现在可以肯定的是，许亚亚是遇上网络诈骗了，而且“有钱一起花”也是个不法分子。如果许亚亚有防范意识，就应该停止任何操作，最大限度地减少财产损失。

许亚亚本来是想让“工作人员”退回他刚打出去的88.8元钱，没想到，还没等他开口，“工作人员”却用极其严厉的口气说：“你知不知道，你这属于未成年人转账，就因为你的转账，我们公司的账号被冻结了，你要承担法律责任！”

许亚亚一下子就慌了，他既害怕又紧张。但是听到还有解决办法，许亚亚的心也稍微放松了一下，他可不想因为自己，让父母被法院传唤。

犯罪分子正是利用了同学们害怕连累家长，或者被家长知道后挨骂的心理，找机会实施诈骗的。所以，在生活中遇到问题，同学们一定要及时告诉家长，避免继续上当受骗。

因为“工作人员”说，只有在绑定了银行卡的手机上才能进行解冻，而且不能告诉父母，所以这天晚上，许亚亚一直在等爸爸妈妈休息后，才偷偷拿到妈妈的手机，然后按照“工作人员”的提示，把妈妈的手机付款码截图后发给了对方。

把妈妈卡里这么多的钱弄没了，许亚亚早就六神无主了，一听还有办法弥补，立即问有什么办法。

“有钱一起花”告诉许亚亚，只要他在网上加一些 QQ 群，然后再在群里发一些广告链接，这样的话，就可以挣钱。

“和你一样骗别人来上当吗？”许亚亚突然有些明白过来。

许亚亚终于认清了事实，知道自己被骗了，而且“有钱一起花”和他们都是一伙的，他不能再继续上当受骗了，他决定把这件事告诉爸爸妈妈。

爸爸妈妈虽然很生气，但是还是先带他去公安机关报了案。

许亚亚知道自己错了，他主动向爸爸妈妈保证，以后再也不玩手机了。许亚亚还将自己上当受骗的经历，写了一篇作文，告诉同学们，一定要引以为戒。

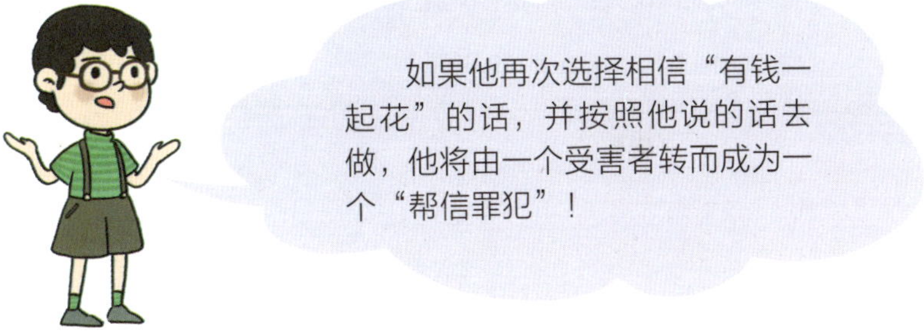

和小律聊聊天

问 未成年人可以使用手机吗?

答 手机上网功能会带来大量的不良信息，未成年人缺乏辨别能力，手机上的一些虚假的甚至有害的信息都会影响孩子们的身心健康，所以，我们并不提倡未成年人使用手机。

问 我们应该随意添加陌生人的 QQ 号、微信号吗?

答 近年来，由于未成年人对金钱的认知不足，所以慢慢地成为电信诈骗的高发人群。同学们上网的时候，不要随意添加陌生好友，不要轻信免费领游戏装备、皮肤的信息，对来历不明的链接一律不看、不理、不点，不给诈骗分子可乘之机。

跟着小警学法律

《中华人民共和国刑法》第二百六十六条规定：诈骗公私财物，数额较大的，处三年以下有期徒刑、拘役或者管制，并处或者单处罚金；数额巨大或者有其他严重情节的，处三年以上十年以下有期徒刑，并处罚金；数额特别巨大或者有其他特别严重情节的，处十年以上有期徒刑或者无期徒刑，并处罚金或者没收财产。本法另有规定的，依照规定。

4 糟心的旅游

吴昊和赵磊的父母是好朋友，有时候谁家有事，不能接送孩子的时候，就相互照应一下，因此两个孩子经常在一起玩，关系也特别好。他们从三年级的时候就开始商量，等小学毕业后，要一起去旅游，而且是不要大人参与的那种。这不，六年级终于结束了，他们决定实施自己的计划，来一场说走就走的旅行！

工作人员告诉他们，必须要父母来才可以办手续，吴昊和赵磊傻眼了。原来，他们觉得自己小学毕业了，是大孩子了，可以自己做决定了，等他们要出发的时候，只需要给家里留张纸条，让他们别担心就可以了。

“阿姨，我们自己有零花钱，费用我们自己可以承担，为什么还要家长来啊？”吴昊不死心地问。

工作人员回答道：“因为你们是未成年人啊！”

没办法，吴昊和赵磊只好向各自的父母实话实说，让他们帮自己去报名。

一听孩子要自己去旅游，大人们自然是不同意，什么自己不会照顾自己啦、不安全啦、大人不放心啦等一堆理由！

可是吴昊和赵磊对这次旅行计划已久，不想轻易放弃，他们天天对父母软磨硬泡。爸爸妈妈们一看这架势，如果不旅游一次，他们整个假期都要耗在这件事上，于是商量了一下，只好同意了。

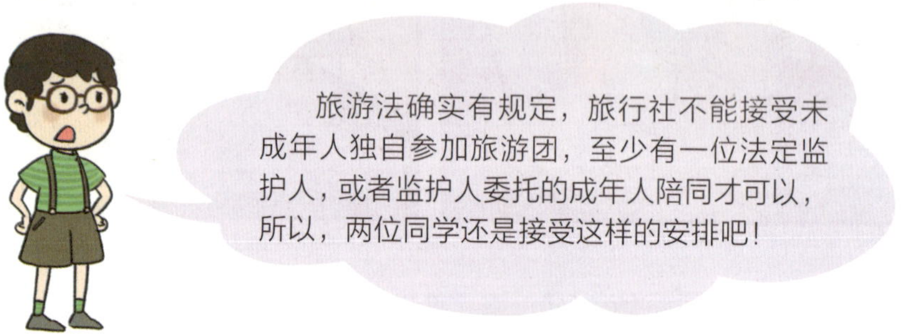

经过一番商量，他们最终报了一个五日游的旅行团。旅游时间由三天变成五天，还不用花自己的零花钱。这让吴昊和赵磊一扫之前的不满情绪，变得高兴起来。

这天，当他们在导游的带领下要去瞻仰向往已久的包公祠时，大家都激动不已，要知道，包公包大人可是人们心中的大青天啊！

整个旅游团的人对导游刚才的话都感到不满，觉得导游这样信口开河是不尊重史实，他们越说越气愤，便打电话到旅行社进行了投诉，旅行社只好给他们换了导游。

新换的导游是一位能说会道的年轻人，他一口一个大叔大妈、哥哥姐姐地叫着，对景点的讲解也很有趣。

这天，在去一个景点的路上，导游对大家说："大家来一趟不容易，我希望能多带大家看几个景点，当然，因为这些景点在计划外，所以需要另外加钱。"

吴昊和赵磊问吴昊爸爸："我们参加吗？"

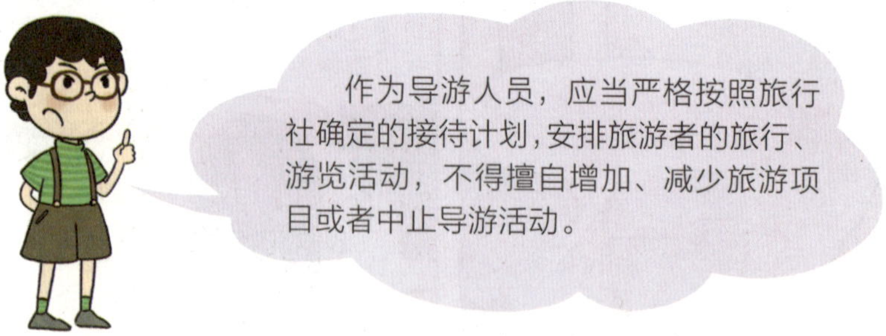

吴昊爸爸说：“导游这么做是不对的，我们如果参加，就是助长这种歪风邪气！”

最后，只有四五个人愿意参加导游临时加的自费景点，旅游团大多数人都只好下车在路边等着。一下午的时间就浪费在无聊的等待中了。

对导游把大家扔到路边害大家等了一下午的行为，大家很生气，好在导游自己也认识到了错误，这天晚上在吃晚饭的时候，他诚恳地向大家做了道歉，还说，为了表示歉意，他决定带大家去一个免费的景点。听他这样一说，大家觉得导游也不容易，心里的火气也就平息了。

不过，第二天到了地方以后，大家才明白过来，所谓的免费景点是一个玉器展示厅，琳琅满目的玉器让人眼花缭乱。

这天，大家满载而归，导游更是喜笑颜开，一路上不停地给大家唱歌、讲故事，其乐融融。

明天是旅游的最后一天，行程比较少，所以这天吴昊和赵磊睡了懒觉，等他们来到楼下吃早餐的时候，发现许多人围着导游争吵。

原来，这两天大家越想这事越觉得不对劲，有人趁休息的时间，拿了买来的玉器去鉴定，结果人家说这根本就是不值钱的假货。于是便炸锅了！

“那我们买给妈妈的礼物也是假货了？”吴昊问爸爸。

“肯定啊，那里面就没有一个真货！”爸爸气愤地说，“他们就是串通一气骗我们的！”

可是导游一口咬定是大家自愿买的，和他没关系。既然协商无果，大家只好报警。

警察在了解了事情的原委后，和旅行社取得联系，旅行社答应尽快给大家一个满意的答复。

盼望中的旅游就这样草草结束了，吴昊看着车窗外一闪而过的风景，他问爸爸：“旅游本来是为了放松身心，可是为什么总是遇到让人不开心的事呢？”

爸爸也不知道该怎么回答。

他们回家一个星期后，旅行社退回了大家买玉器的钱，那个导游也受到了相应的处罚。

拿着退回来的钱，爸爸对吴昊和赵磊说：“你们要相信，随着法律法规的不断完善，人们维权意识的提高，这种糟心的事会越来越少！等下个假期，我还带你们去玩！”

和小律聊聊天

问 未成年人可以私自报名旅行团吗？

答 未成年人属于限制民事行为能力人，不能独立承担民事责任。在旅行中一旦出了问题，旅行社是要承担责任的，所以没有监护人同行，旅行社一般不会接受。

问 这个导游的行为属于欺骗、强制游客购物消费吗？

答 因为针对此类问题的投诉越来越多，国家旅游局于 2015 年公布了官方文件，特别详细地列举了欺骗、强制购物消费行为的认定方法和对行为主体的具体处罚。其中，旅行社、导游领队安排的购物场所销售商品掺杂、掺假，以假充真、以次充好，以不合格产品冒充合格产品的都属于欺骗、强制游客购物消费。

跟着小警学法律

《中华人民共和国旅游法》第一百条规定：旅行社违反本法规定，有下列行为之一的，由旅游主管部门责令改正，处三万元以上三十万元以下罚款，并责令停业整顿；造成旅游者滞留等严重后果的，吊销旅行社业务经营许可证；对直接负责的主管人员和其他直接责任人员，处二千元以上二万元以下罚款，并暂扣或者吊销导游证：

（一）在旅游行程中擅自变更旅游行程安排，严重损害旅游者权益的；

（二）拒绝履行合同的；

（三）未征得旅游者书面同意，委托其他旅行社履行包价旅游合同的。

5 我不是小偷

周五放学的时候，宁檬热情地邀请李佳佳和赵玲明天去她家里玩。原来，周六是她的生日，爸爸妈妈准备为她办一个生日派对，还让她邀请同学们来家里玩。能被宁檬邀请参加生日聚会，李佳佳和赵玲自然是很开心。要知道，宁檬同学平时可是很高傲的。

回到家后，李佳佳数了数自己的零花钱，不由地有些气馁，心想：“就这点儿钱，买个什么礼物似乎都显得有些小气，赵玲平时的零花钱就比我多，她选的礼物肯定要比我的好。唉，明天去了，肯定就数我的礼物拿不出手，她们会不会笑话我呢……”突然，她有了一个主意。

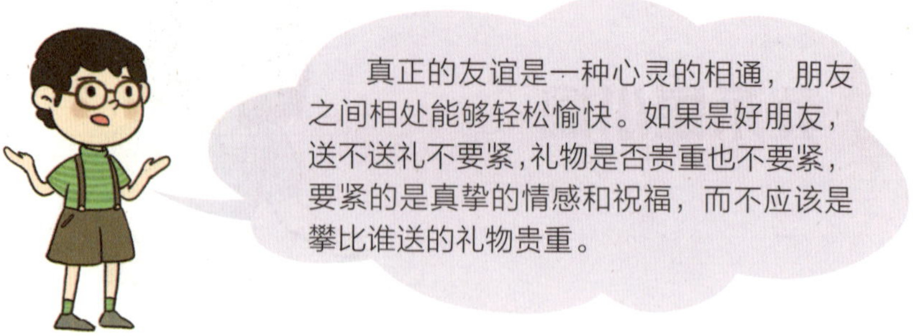

第二天一早，李佳佳和赵玲来到约定好的商场外。

李佳佳问赵玲："你想好买什么礼物了吗？"

赵玲说："还没有呢，先去商场看看吧！你呢？"

李佳佳得意地说："我已经准备好了！"

"哦，是什么？"赵玲好奇地问。

李佳佳故弄玄虚地说："暂时保密！我先陪你去买礼物吧！"

两人边说边往商场走去。

"扫一扫，只需两秒，抽个空，就有礼品相送，你怎么能不心动呢？"她们突然看到商场门口有一男一女正在拿着一个印有二维码的牌子，招呼路过的人。在他们身后的桌子上，堆着好多毛绒玩具，两人好奇地走上前去。

看着警车开走了，李佳佳和赵玲才回过神来。李佳佳仍心有余悸：“这些人可真坏，我们差点就上当了！”

赵玲也有些后怕：“唉，看来天下果然没有白送的东西，还是去商场买礼物吧！”

因为时间还早，所以李佳佳和赵玲这儿看看，那儿逛逛，不慌不忙地挑选着礼物。最后，她们在卖文具的地方停了下来。赵玲看中了一支钢笔，而且她觉得同学之间，送钢笔挺有意义。

李佳佳没想到赵玲也想送钢笔，她只好说：“送钢笔好是好，可是，你总不能和我送一样的礼物吧！”

“什么，你准备的礼物也是钢笔？”赵玲也没有想到她们竟然不谋而合。

“对啊，而且和你看中的这个一模一样呢！”李佳佳说着从随身携带的小包里掏出她早就准备好的礼物，赵玲拿过来一看，果然和她刚看的一模一样。

“好吧，那我就选个别的吧！”赵玲也不想和李佳佳送一样的礼物。

最后，赵玲选中了一个桌子上的小摆件。

就在赵玲付了钱，两人往商场外走的时候，她们突然被一个工作人员拦住了。

赵玲拿出商场的小票给工作人员看，可是那个工作人员看了一下说，这个摆件是付过钱了，可是她们还偷了别的东西，必须检查。

“可我们根本没有偷东西！”李佳佳和赵玲连忙说。

“有没有偷东西，让我搜一下不就知道了？”工作人员说。

这时候，商场里看热闹的人越来越多。有的人劝工作人员算了，毕竟是小孩子，也有的人一副等着看好戏的劲头，说什么“那就搜一下，有没有偷不就一清二楚吗”，工作人员一听有人站在他那一边，就来拉扯李佳佳随身带的小包。

看到“人赃俱获”，围观的人都摇头叹息：“唉，没想到这么小的孩子就会偷东西，也不知道父母是怎么教的！”

李佳佳连忙说：“这钢笔是我自己的……”

赵玲也附和说，钢笔是李佳佳的，她可以作证。

工作人员冷笑道：“你们两个是一伙的！大家看，这明明和我们商场的一模一样，而且我早就注意到你们两个在文具柜台那偷偷摸摸好长时间！”工作人员说着，拿起手机对着她们俩一阵乱拍，扬言要把她俩的照片贴在商场大门口。

李佳佳和赵玲又害怕又紧张，她们感觉百口莫辩，看到那么多人对她们指指点点，她们只想赶紧逃离这里。

李佳佳也顾不上扔在地上的包，更不敢问工作人员要她的钢笔，她拉起赵玲的手，穿过看热闹的人群，匆匆向外走去。可是工作人员却不肯善罢甘休。

“现在怎么办？”赵玲已经哭起来了。

“别怕，我打电话让我妈来，她能证明我们不是小偷！”

原来，李佳佳准备送给宁檬的钢笔是以前小姨送给她的，她怕妈妈不同意她送给宁檬，所以并没有告诉妈妈。之前她怕挨骂，所以没打算告诉妈妈这件事，可是现在，她只好给妈妈打电话。

李佳佳的妈妈很快来了，她不但来了，而且还带来了警察。原来，李佳佳的妈妈在电话里听了女儿的哭诉后，一边往商场赶，一边打电话报了警。

警察调取了商场的监控视频后，证实那支钢笔确实是李佳佳自己的。

工作人员连忙表示愿意向李佳佳和赵玲道歉。

“如果道歉有用，还要法律干吗？”李佳佳的妈妈生气地说，“任何人只要触犯了法律，就应该受到惩罚！”

随后，警察将商场工作人员带走了。

“妈妈，对不起……”李佳佳低下头，“我不该为了面子，偷偷拿那支钢笔……”

“没事，小姨送给你的，你有权自己做主！”妈妈轻抚着李佳佳和赵玲的头，“只是你们要记住，以后有什么事，一定先告诉爸爸妈妈，好吗？”

“嗯！”李佳佳和赵玲狠狠地点了点头。

“那么，现在我送你们去宁檬家吧！”李佳佳的妈妈笑着说。

和小律聊聊天

问 可以随意对他人进行搜身吗？

答 搜身属于侵犯人身自由和人格尊严的行为，除因为国家安全，或者追查刑事犯罪的需要，由公安机关或者检察机关依照法律规定程序对嫌疑人进行检查外，任何组织和个人都不得以任何理由侵犯公民的人身自由和人格尊严。

问 遇到麻烦，要告诉大人或报警吗？

答 别以为小孩子好欺负，要知道，未成年的人身权利也是神圣不可侵犯的！所以同学们在遇到麻烦时，要勇敢地告诉父母、老师，或者直接报警。

跟着小警学法律

《中华人民共和国治安管理处罚法》第四十条第三项规定：非法限制他人人身自由、非法侵入他人住宅或者非法搜查他人身体的，处十日以上十五日以下拘留，并处五百元以上一千元以下罚款；情节较轻的，处五日以上十日以下拘留，并处二百元以上五百元以下罚款。

第三篇

生活篇

1 闹心的邻居

自从楼上那家住户在家里开了一个美容工作室后，宁静家就再没宁静过。不是高跟鞋的“噔噔噔”声，就是挪动凳子“吱吱呀呀”的声音，中午睡个午觉都要被吵醒好几次。

这些天，外公病愈出院后，一直住在宁静家。舅舅来看外公，听到楼上老有响动，就问楼上是怎么回事。妈妈无奈地告诉舅舅楼上开了个美容工作室。

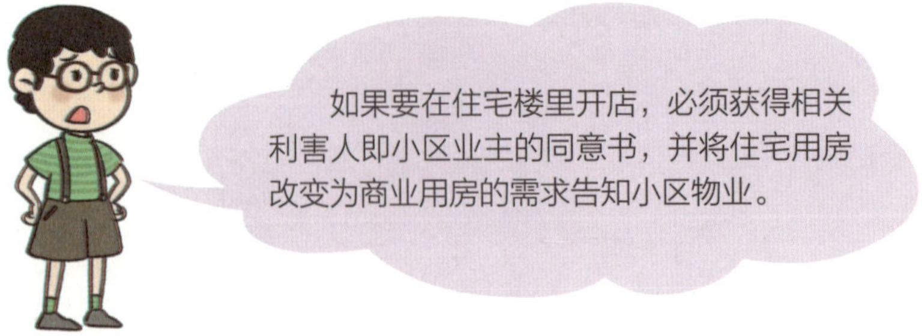

听了舅舅的建议后，宁静爸爸妈妈开始征求全楼住户的意见。结果，大家早对这户人家很不满了，制造噪音、影响休息不说，还存在安全隐患，几乎全部的住户都不同意在住宅楼里开美容工作室。最后，通过物业多次协调，这家人同意把美容工作室搬到别的地方去，这里的房子便租了出去。

楼上的美容工作室搬走了，一下子清静了不少，宁静的外公也可以安安静静地养病了。这天中午，大家正在吃午饭，突然，楼上又传来一阵叮叮哐哐的声音。

“楼上怎么又开始吵了啊？”宁静说。

“估计是新搬来的邻居，等他们收拾完就好了！”妈妈说。

可是还没等妈妈说完，一阵无比刺耳的电钻声响起。

妈妈叹了一口气，说：“看来，他们这是要大装修啊！”

果然，新搬来的邻居是要将楼上的房子做婚房，所以必须要大装修。

外公实在受不了震耳欲聋的电钻声和砸墙声，去了舅舅家。可是爸爸、妈妈还有宁静，每天一回到家，就得忍受着阵阵刺耳的声音。

突然有一天，噪声竟然消失了。

“看来物业还是有用的嘛！”宁静说。

“有用的是法律规定，物业是督促他们遵守执行！”爸爸告诉宁静。

噪声是消失了，但很快大家又发现了一个新问题：楼上邻居把装修剩余的材料都堆在了门外的楼道里，导致大家上下楼的时候很不方便。这天，宁静正好在家，突然听到楼上传来一阵争吵声，她便出来看看发生了什么事。

奶奶说：“这孩子说得对，我要投诉！我就不信没人管！”

看到奶奶拿出电话真要投诉，楼上的邻居立马换了一副表情，赔笑道：“好好好，对不起阿姨，是我错了，我现在就把这些东西搬进屋里去……”

奶奶看看自己的手，伤得也不是很严重，大家又都是邻居，也就算了。

擅自将杂物放置于公共走廊处，会导致邻居出入不便，容易发生碰撞及摔倒事故。而且楼道作为火灾时的重要消防通道和安全出口，随意堆放杂物容易造成消防安全隐患。

大家都觉得装修婚房是正常的，有时候难免有些声音，忍一忍也就过去了，等装修完就会恢复正常。可好不容易等到他们装修完了，新的问题又出现了。

他们家里经常传出喝酒、唱歌的声音。大家都摇头叹气地说看来是美容工作室换成 KTV 了！

有一天，喝酒唱歌、嬉笑打闹声从晚上六点多就开始了，一直持续到快十二点了，还没有停下来。

有邻居上门理论，小伙子态度很好，还说中国好邻居应该互相担待，可是就是不改正。

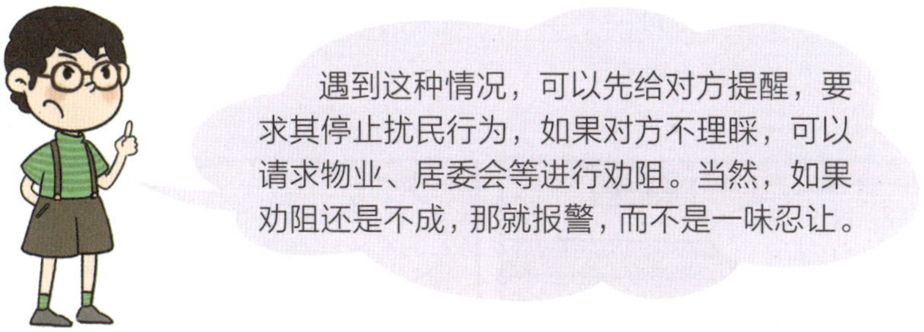

这天，宁静放学回到家，看到爸爸在拆一个快递。只见爸爸拿出一个小圆盒一样的东西，还有几根杆子，然后照着说明书组装。

宁静问爸爸：“这是什么东西啊？”爸爸一脸神秘：“很快你就知道了！”

果然，不久后宁静就知道了，这是一个“神器”——震楼器。

“这管用吗？”妈妈将信将疑。

“网上说很管用，让他们也感受下噪音，这样他们以后就会注意的！”爸爸得意地说。

“咦，好像没有声音了？”宁静侧耳听了一下。爸爸关上震楼器，果然上面的声音消失了。

“哈哈，没想到还真管用！”爸爸脸上露出胜利的笑容，“好了，今晚可以睡个好觉了！”

就在大家以为可以度过一个愉快的周末的时候，突然传来了敲门声。爸爸打开门一看，门外竟然是两名警察。

鉴于宁静爸爸是第一次短暂使用“震楼神器”，没有损害楼体，所以警察对他进行了批评教育。警察还告知楼上小伙子如果不听劝阻继续扰民，将按照相关规定对其进行处罚，他也诚恳地接受了批评教育，并保证以后一定遵守社会公德。

和小律聊聊天

问 宁静爸爸使用“震楼神器”的做法对吗?

答 虽然宁静爸爸是在无奈之下才选择这种方式，但是，以暴制暴实在不可取。如果使用这种设备对楼上甚至整栋大楼的房屋结构造成一定程度的破坏，就会涉及民事赔偿，情况严重的还有可能涉嫌刑事犯罪。

问 楼道里可以随意堆放杂物吗?

答 公共楼道属于业主共有部分，不属于谁家专有、私有，这位邻居的行为已违反《中华人民共和国民法典》中关于建筑物区分所有权及业主守法义务相关规定，也违反了《中华人民共和国消防法》中不得擅自占用安全通道的相关规定。

跟着小警学法律

《中华人民共和国民法典》第二百九十四条规定：不动产权利人不得违反国家规定弃置固体废物，排放大气污染物、水污染物、土壤污染物、噪声、光辐射、电磁辐射等有害物质。

2 宠物也疯狂

周日，妈妈让郑筱筱帮她到小区门口取个快递。郑筱筱出门的时候，正好碰到王亚昆从对面门里出来，原来他也是要去帮妈妈取快递。

两个人下了楼，互相追逐着向小区门口跑去。

郑筱筱朝王亚昆指的方向看去，只见一个人在小区遛猪，猪走过的地方有脏东西。

郑筱筱张大嘴巴：“竟然有人在小区养猪！”

郑筱筱和王亚昆决定向物业反映这件事。

工作人员听完他们的叙述后，一脸无奈地对他们说：“这事我们知道，已经有很多业主向我们反映过了，而且我们也劝说过，但是人家说这属于宠物猪，就像是在家里养的小狗小猫一样，所以我们也没有办法！”

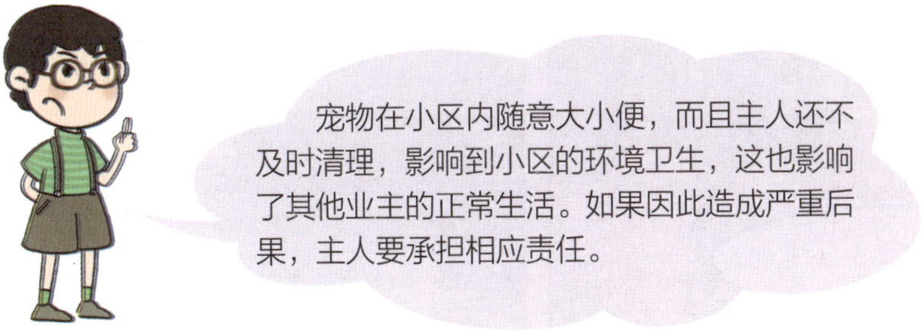

夜晚，一阵警笛声传遍小区，郑筱筱一家也被吵醒。大家都趴在窗台上向外张望，想知道发生了什么事，也有好奇心比较强的人下楼去看，很快，人们便从小区业主群里知道了事情的缘由。

据说，两人先是经过一番唇枪舌剑，但是谁也说服不了谁，最后演变为肢体冲突，在楼道里大打出手。后来，有人报了警，警察将他们俩都带走了。

自从发生了“猫咪事件”后，很长一段时间内，家有宠物的人都能自觉地管好自家的宠物，小区里也比以前干净多了，很少看见宠物遗留的大小便。所以，闲暇时间在小区里休闲的老人、孩子也多了起来。

这天晚饭后，做完作业，郑筱筱和王亚昆便到楼下和小伙伴们玩捉迷藏。大家正玩得不亦乐乎的时候，突然听到王亚昆一声尖叫，大家连忙跑过去看，顿时吓傻在原地。

这条蛇竟然真是这个小伙子的“宠物”，他说这是球蟒，是自己在网上购买的，一直养在家里，他这两天没在家，蛇就自己爬出来了。

小区的人听得直冒冷汗。

“这是我的宠物，再说也没有伤害到人，我总该可以领回家去吧！”小伙子说着就要过来捉蛇。

森林警察拦住他：“球蟒是国家二级野生保护动物，你还是先跟我们去一趟派出所吧！”

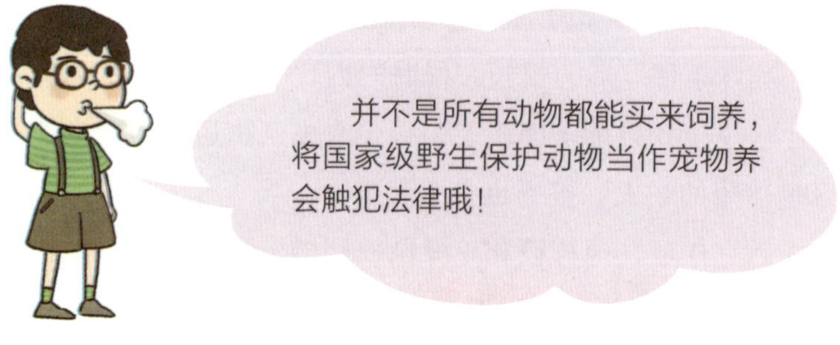

经过把国家保护动物当宠物养的事件后，业主们觉得还是养猫和狗比较好。一时间，小区里的猫和狗竟然又多了起来，就连郑筱筱都想让爸爸给她买只小狗，不过爸爸并没有答应她。

于是，郑筱筱把自己对小动物的关注放在了小区里的流浪狗身上，她尤其喜欢一只黑白相间的小花狗，几乎每天都会定点给它投喂食物，和它玩耍，还用纸箱子给它做了一个小房子，就放在楼下花园边。她对小狗说："有了房子，你以后就不再是流浪狗了！"小狗也当她是主人，一听到她的脚步声，就从房子里跑出来和她玩耍。

可没想到有一天，这只小狗突然抓伤了人。

男孩妈妈说："我不管，你女儿既然喂养它，你们就得负责！"

事已至此，郑筱筱爸爸妈妈向男孩妈妈道了歉，并表示要立即带男孩去打狂犬疫苗。

"小花那么乖，怎么会抓人呢！"郑筱筱在一边小声地嘀咕道。

"什么？你还想不承认吗？"虽然声音小，但是男孩妈妈还是听到了，她一副得理不饶人的架势，大吵大闹起来。

"这样吧，我们去找物业看看监控吧！"爸爸提议道。

“看，是他先去抓小狗的！”看完监控后，郑筱筱激动地为小狗辩护。

“看样子，的确是这样的！”工作人员把监控倒回去又看了一遍，“看来，你家的孩子自己也有责任啊！”

“这……”在事实面前，男孩妈妈一时不知道说什么好。

郑筱筱爸爸却表现出了大度：“我们还是先带孩子去打狂犬疫苗吧，费用我们出。”

“不用，不用，费用我们自己出就行！”男孩妈妈不好意思地说，“我们家孩子也有责任。我刚才态度不好，还请见谅！”

最后，郑筱筱爸爸妈妈带着小男孩打了狂犬疫苗。因为男孩妈妈执意自己出打疫苗的钱，所以回家后，爸爸又特意买了水果，带郑筱筱上门向他们道了歉。

在回家的路上，郑筱筱对爸爸说：“如果我有自己的小狗，我就不会在小区收留流浪狗，也就不会惹这么大的麻烦，您还是给我买只小狗吧。”

爸爸想了想说：“我问你几个问题吧！”

最后，爸爸语重心长地对郑筱筱说：“减少流浪动物的最好办法就是不要轻易养宠物。给你几天时间好好考虑，如果真要养，就要做好养它一辈子的打算，如果做不到，就不要养！”

郑筱筱认真地考虑了几天后，决定暂时不养小狗了。

和小律聊聊天

问 养国家野生保护动物犯法吗?

答 珍贵、濒危野生动物是国家宝贵的自然资源，是生态环境不可或缺的重要组成部分，任何危害珍贵、濒危野生动物的行为都将受到法律的惩处。这个小伙子把国家规定的野生保护动物当作宠物养在家里，已涉嫌危害珍贵、濒危野生动物罪。

问 流浪狗咬了人，郑筱筱有责任吗?

答 郑筱筱收留了流浪狗，可以说已经成为该流浪狗的饲养人。饲养动物致人损害适用无过错责任原则，不论动物饲养人或管理人主观上是否有过错都要承担侵权责任，所以，她确实有责任。

跟着小警学法律

随着近年来宠物纠纷的增多，《中华人民共和国民法典》侵权责任编设专章规定了饲养动物损害责任，而且明确了相关处罚规定。其中第一千二百四十九条规定：“遗弃、逃逸的动物在遗弃、逃逸期间造成他人损害的，由动物原饲养人或者管理人承担侵权责任。”所以养宠物一定要三思而后行，先考虑清楚自己到底有没有能力养一只宠物。

3 任性的熊孩子

暑假来了，爸爸妈妈要带小石头去外地的姑姑家度假，小石头期待已久。到了出发的日子，小石头拎着自己的小皮箱，一直催爸爸妈妈快点走。

爸爸奇怪地问："你怎么知道是王小虎？"

小石头得意地说："我以前和他一起这样玩过。"

爸爸一听，瞬间严肃起来："你是说你也这样乱按过电梯？"

小石头看到爸爸一脸严肃，连忙往妈妈身边靠。

小石头没想到妈妈更严肃："你知不知道，你们这样乱按电梯是不对的！你想想，如果楼上住户有紧急情况，这样一耽误，会造成多严重的后果？"

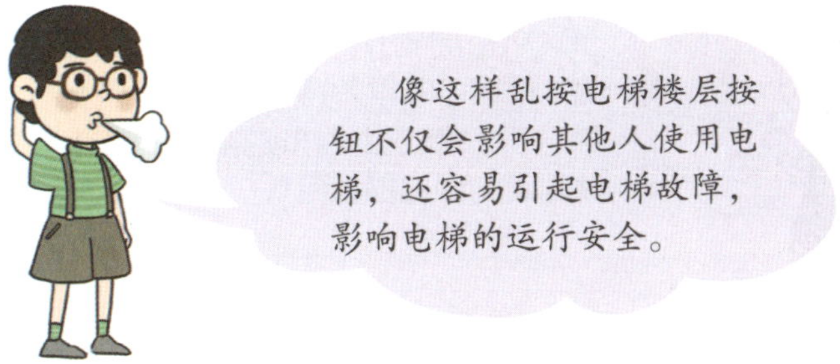

小石头意识到自己错了，并保证以后不再乱按电梯了。

知错能改当然就是好孩子。因为耽误了一些时间，三人匆匆走出单元门，可刚走到楼下，突然，小石头“哎呀”一声。

“幸好只是一盒没喝完的饮料，如果是稍微重一点儿的东西，后果不堪设想！”爸爸妈妈心有余悸。

小石头冲着楼上喊：“武小果，你以后不能再这样高空抛物了，这样很危险的，知不知道！”

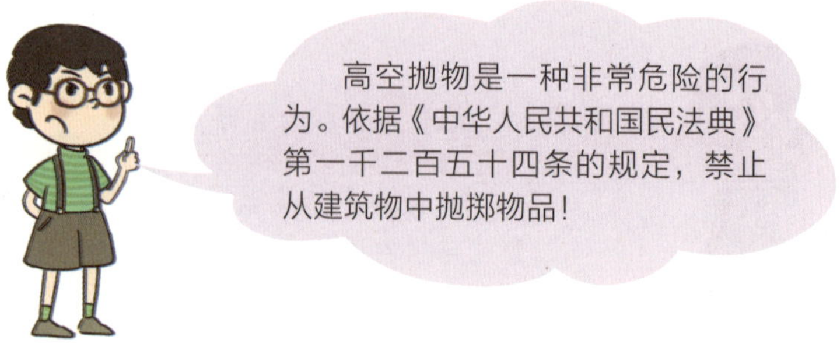

经过这件事情，大家早上出门前的热情已经减了大半。上车后，妈妈疲惫地眯上眼睛，想休息一会儿，爸爸拿出电脑，因为有些工作需要处理，小石头则趴在窗边安静地看风景。

到了下一站，后排上来了一个阿姨，她带着一个四五岁的小男孩，小男孩一上车就吵闹不休，引得众人纷纷侧目。

男孩的妈妈却满不在乎地说："小孩子嘛，好动是天性。"

小石头妈妈生气地说："可这是公共场所，得有最起码的社会公德吧！"

小男孩妈妈纵容的态度，让小男孩变本加厉地闹腾起来。旁边的乘客都纷纷摇头，小石头的爸爸妈妈更是被闹得心烦意乱。

这时，小石头在爸爸妈妈耳边低声说了几句话。

此后，后排的小男孩一直乖乖地待在自己的座位上，就连要喝水也是小声地和妈妈说。整个车厢一下子安静了不少。

面对孩子的吵闹，小石头的父母采用了和小男孩妈妈截然不同的方式。教导孩子守规则、知敬畏，这才是爱孩子该有的方式，而不是毫无原则的溺爱。

直到快到站的时候，小石头才被乘警带回到座位。

列车终于到站了，下车的时候爸爸对那位乘警说：“不好意思，给你们添麻烦了！”

乘警笑着说：“应该是我们谢谢你们和孩子，我们经常遇到‘熊孩子’影响到别人，但他们的父母也不管，乘客向我们投诉，我们也束手无策。今天多亏你们想到这‘言传身教’的办法，给那个孩子和家长上了生动的一课。”

妈妈看了一眼小石头：“这也是我们家这个‘熊孩子’想的办法呢。”

原来这是小石头的主意啊！小石头这种“言传身教”的做法，既教会了小男孩在公共场合不要吵闹，更提醒了小男孩的妈妈要尽到监护人的责任。

和小律聊聊天

问 高空抛物违法吗？

答 高空抛物，看似一个随意的动作，却涉嫌以危险方法危害公共安全罪、故意伤害罪，最严重时可被认为是故意杀人罪，而且特定情形要从重处罚。所以，高空抛物后果很严重，同学们千万不能有这种行为！

问 我们应该遵守公共场所规定吗？

答 没有人可以独立于社会之外，每个社会成员既要遵守国家颁布的有关法律法规，也要遵守特定公共场所的有关规定。

跟着小警学法律

《中华人民共和国民法典》第一千一百八十八条规定：无民事行为能力人、限制民事行为能力人造成他人损害的，由监护人承担侵权责任。监护人尽到监护职责的，可以减轻其侵权责任。

有财产的无民事行为能力人、限制民事行为能力人造成他人损害的，从本人财产中支付赔偿费用；不足部分，由监护人赔偿。

4 最近有点儿烦

顾鑫最近很烦恼，因为爸爸妈妈准备离婚了。虽然他知道这些年爸爸妈妈一直吵吵闹闹，在一起一点儿也不幸福，但是，他们离婚了，自己该怎么办呢？

其实，同学刘小萌的爸爸妈妈也要离婚了，但是她却好像没有顾鑫那么烦恼。

顾鑫觉得爸爸妈妈对他都很好，他如果选择了爸爸，就会失去妈妈，可如果选择了妈妈，就会失去爸爸，他不希望失去他们中的任何一个。

许多孩子在面对父母离婚的时候，都会担心父母离婚后，自己会失去爸爸或者妈妈。其实，爸爸妈妈无论是在一起，还是分开，你永远是他们的孩子，这是从出生的那一刻就已经注定的。

放学后，顾鑫刚走出校门，一眼就看见人群之中的奶奶，她手里拿着一盒牛奶正朝着校门口张望，顾鑫赶紧跑了过去。

“奶奶，今天怎么是您接我，妈妈呢？”

“给，先把牛奶喝了。”奶奶把吸管插好递给顾鑫。

看着顾鑫一口气喝完牛奶，奶奶满意地点了点头：“以后就由我每天接送你。”

顾鑫奇怪地问：“为什么？”

奶奶叹了一口气。

奶奶的话像是一块大石头，沉重地压在顾鑫心上。他除了跟着爸爸，似乎别无选择。

爸爸妈妈最终还是离婚了。面对法官的询问，顾鑫选择了爸爸。因为妈妈说爸爸能给他更好的生活，妈妈愿意放弃抚养权，只希望顾鑫能快乐成长。顾鑫已经十岁了，法官尊重了他的意愿和选择。

不久后，刘小萌的爸爸妈妈也离婚了，刘小萌也选择了爸爸。刘小萌原本就是个开朗阳光的孩子，爸爸妈妈的离婚好像对她并没有多少影响。

可是不久后，顾鑫发现刘小萌好像没有以前活泼了，经常一个人坐着发呆，有时候喊她一声，她会像是受了惊吓一样。

一天，正好是他们俩值日，两人打扫卫生的时候，顾鑫突然发现刘小萌的胳膊上有几块淤青。

顾鑫话音刚落，刘小萌突然哭了起来。

顾鑫一时不知所措，连忙说：“我……我就是开玩笑，你别哭啊！”

可是刘小萌却越哭越伤心。最后，她告诉顾鑫，其实，她身上的淤青是被人打的，而打她的人就是她爸爸。

“你爸爸不是对你很好吗？”顾鑫说。

“以前是很好，可能是离婚后他心情不好吧。”刘小萌无奈地说。

“你有没有告诉你妈妈呢？”顾鑫问。

刘小萌摇了摇头：“爸爸打我是因为他喝了酒，他清醒后会向我道歉，给我买玩具和好吃的，他还让我不要告诉别人。”

家庭成员之间以殴打、捆绑、残害、限制人身自由以及经常性谩骂、恐吓等方式实施的身体、精神等侵害行为均属家庭暴力。

面对刘小萌的遭遇，顾鑫也不知道怎么办才好。而且，他自己的烦恼也越来越多，自从爸爸上周出差后，奶奶就不让他再见妈妈了。

几天后，顾鑫的爸爸回来了，他得知奶奶不让顾鑫见妈妈后，不顾奶奶的反对，立即将顾鑫送到妈妈家里去，并且告诉顾鑫，他想和妈妈待多久由他自己决定。

顾鑫和妈妈待在一起的时候，发现他和妈妈比以前更亲近了，似乎有说不完的话。而且妈妈还告诉他，要听爸爸的话，要照顾好奶奶。顾鑫突然发现，原来爸爸妈妈离婚，并不是一件多么可怕的事。

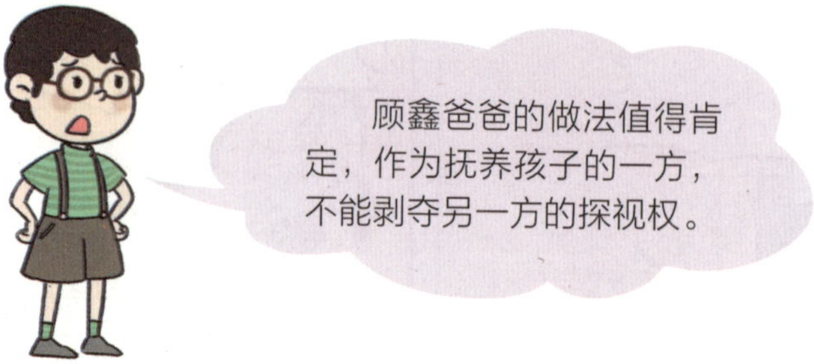

在和妈妈聊天的时候，顾鑫把刘小萌的事告诉了妈妈。

妈妈听后很吃惊，她觉得此事非同小可，应该让刘小萌的妈妈知道。

刘小萌妈妈接到顾鑫妈妈的电话后，连忙去找刘小萌爸爸一问究竟，结果正好看见喝醉酒的爸爸又在打刘小萌，刘小萌妈妈立即报了警，而且她向法院提出申请要夺回对刘小萌的抚养权。

自从刘小萌和妈妈在一起生活后，顾鑫发现她又和以前一样活泼快乐了。经过这件事，他们成了无话不说的好朋友，大家都说因为他们的爸爸妈妈都离婚了，他们“同病相怜”。但是顾鑫和刘小萌可不这样认为，因为即使父母离婚了，孩子们应该拥有的权利，他们也都拥有。

和小律聊聊天

问 受到了家庭暴力，应该怎么办?

答 任何人都不能以任何理由对家庭成员施暴，即使是自己的父母也不行！如果觉得父母的行为对自己的身心造成了危害，同学们可以选择告诉自己亲近的人来寻求帮助，或者直接报警。

跟着小警学法律

《中华人民共和国未成年人保护法》第十五条规定：未成年人的父母或者其他监护人应当学习家庭教育知识，接受家庭教育指导，创造良好、和睦、文明的家庭环境。

第十六条规定：未成年人的父母或者其他监护人应当履行下列监护职责：

（一）为未成年人提供生活、健康、安全等方面的保障；

（二）关注未成年人的生理、心理状况和情感需求；

（三）教育和引导未成年人遵纪守法、勤俭节约，养成良好的思想品德和行为习惯；

（四）对未成年人进行安全教育，提高未成年人的自我保护意识和能力；

（五）尊重未成年人受教育的权利，保障适龄未成年人依法接受并完成义务教育；

（六）保障未成年人休息、娱乐和体育锻炼的时间，引导未成年人进行有益身心健康的活动；

（七）妥善管理和保护未成年人的财产；

（八）依法代理未成年人实施民事法律行为；

（九）预防和制止未成年人的不良行为和违法犯罪行为，并进行合理管教；

（十）其他应当履行的监护职责。

5 陪你一起长大

王璐的生日到了，过了生日，王璐就满十岁了。

许完愿，吹了蜡烛，吃了蛋糕后，爸爸妈妈拿出一张银行卡。因为王璐的亲戚比较多，逢年过节的时候总要给她“红包”，爸爸妈妈便帮她把这些钱存了起来。

这是王璐人生中的第一张银行卡，爸爸告诉王璐，以后省下来的零花钱，可以一起存在这个卡上。

“这卡用的是我的名字吗？”王璐突然想到一个重要的问题。

“不是。”爸爸解释道，“因为办银行卡需要本人的身份证，你没有身份证，所以卡是以妈妈的名义办的……不过，密码是你的生日。”

“银行卡上是谁的名字不重要，重要的是钱是自己的。”王璐将银行卡放到了一个自认为特别安全的地方。

愉快的假期来临了。

因为王璐平时学习比较自觉，而且爸爸妈妈知道王璐不喜欢玩网络游戏，也就不担心她会沉迷游戏。所以，她的假期生活就更自由一些。

王璐的假期生活最初确实也如爸爸妈妈想的那样，做做作业，有时候用妈妈的手机刷刷视频、看看直播，简单而愉快。

直到有一天，王璐在刷视频的时候，看到一位美妆主播。这位主播是一个十八九岁的女孩，素颜的时候很普通，但是化完妆，立马就变得漂亮起来。她说，她曾因为长相普通，自小被人嘲笑，所以她暗暗发誓要让自己变好看。她觉得化妆其实是一种化蝶般的蜕变。她想通过自己的直播，让更多的丑小鸭变成美丽的天鹅。

这段话深深地打动了王璐，因为她一直觉得自己太普通了，和那些漂亮的同学比，她简直就是丑小鸭。她立即就喜欢上了这位主播姐姐，她要跟着主播姐姐变天鹅。

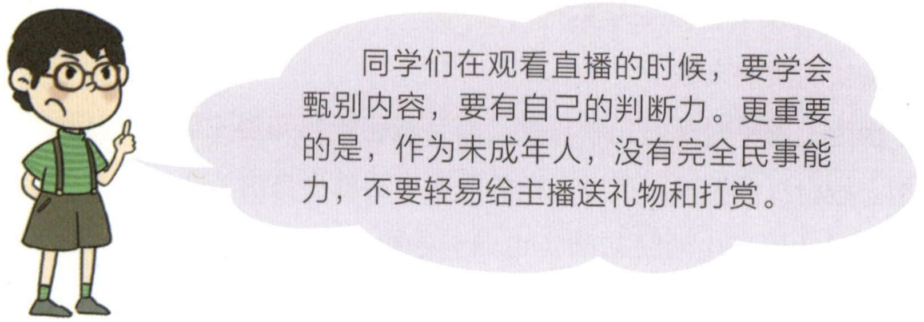

从那以后，王璐经常偷偷用银行卡里的钱给主播送礼物，她为了不让爸爸妈妈发现，每次都会删掉付款记录。

由于王璐经常送礼物，主播也很关注她，两人还加了微信，经常聊天互动，王璐因此就更主动地给主播送礼物了。

妈妈发现王璐这几天的心思根本不在学习上，而是从早到晚拿着手机不停地看，于是留意了一下。这一留意把她吓了一跳。

王璐在不知不觉中，将卡上的3万多元全部用于送礼物了。爸爸说出这个数字时，她自己也吓了一跳，她没想到自己已经花了这么多钱。她连忙联系主播姐姐，想让她把钱退回来，主播听到要她退钱，立马变了脸，还把王璐的微信拉黑了。王璐这才意识到，主播姐姐并不是看起来那么和蔼可亲。一想到自己把那么多钱送给了人家，心里更是又羞又愧，她把自己关在屋子里，不吃也不喝。

打赏主播，不但让王璐损失了钱，还让她变得沉默寡言，爸爸妈妈心里也不是滋味。他们决定报警，要求直播平台退回王璐用于打赏的钱。

为了追回钱，爸爸妈妈也是做足了功课，掌握了一些相关的法律知识。最后，经过多次协调和据理力争，直播平台答应退钱，但答应只退回一部分。爸爸妈妈觉得身为监护人，由于对孩子疏于管理，才会发生这样的事，他们也应该承担相应的责任，只好同意了。

八周岁以下的未成年人是无民事行为能力人，其实施的打赏、游戏充值行为是无效的民事法律行为，无论打赏给主播多少钱，其行为都是无法律效应的，主播和平台都要退还。

虽然有一部分钱没有退回来，但已经将损失减到最小了，所以爸爸妈妈也松了一口气。本来以为这件事就这样过去了，可是妈妈却发现王璐越来越沉默，整天闷闷不乐的，而且一回来就把自己关进屋子里，也很少和爸爸妈妈说话。爸爸妈妈这下更担心了。

日常生活中，经常会有父母像王璐妈妈一样，出于对孩子的关心，想通过偷看孩子的日记的方式了解孩子的思想动态。虽然用心良苦，但是这种行为侵犯了孩子的隐私权。

经过一番思索，妈妈最终将日记本轻轻地放回到了原位。

这天吃过饭，王璐又要起身回房间的时候，妈妈说：“璐璐今天陪妈妈去散散步好不好？”

王璐点了点头。

妈妈牵着王璐的手，两人绕着小区的绿化带散步。

妈妈说：“我记得小时候，我带着你散步，你就像一只叽叽喳喳的小鸟，高兴的、不高兴的，都会和我说……璐璐，我真怀念那时候。”

王璐突然也很怀念那个时候。

王璐突然开心起来。

妈妈问：“这些天你闷闷不乐的，就是在想这件事啊？”

“嗯！”王璐点了点头。

妈妈握了握王璐的手：“璐璐，成长的路上谁都有可能犯错，只要勇于承认错误、愿意改正错误就是好孩子。你要相信，无论什么时候，爸爸妈妈都是和你站在一起的。”

“嗯，我知道了！”王璐突然觉得这个傍晚真美好。

和小律聊聊天

问 “红包”属于个人财产吗?

答 生活中，许多孩子都认为别人给自己的“红包”当然属于自己所有，但是有些家长们却不这样认为。其实，孩子是对的。“红包”是别人给孩子的，属于孩子获得的“赠与”，获赠的财产当然属于孩子所有，不能视为家长的财产。

问 父母可以偷偷看孩子的日记吗?

答 《中华人民共和国民法典》有规定，未成年人也有隐私权，父母随意拆孩子的信件、偷看孩子的日记是违法行为。

跟着小警学法律

《中华人民共和国民法典》第三十四条规定：监护人的职责是代理被监护人实施民事法律行为，保护被监护人的人身权利、财产权利以及其他合法权益等。

监护人依法履行监护职责产生的权利，受法律保护。

监护人不履行监护职责或者侵害被监护人合法权益的，应当承担法律责任。

第四篇

环境保护篇

1 守护每一份美好

“哇，山里的风景就是漂亮！”车子刚刚停稳，坐在后排的李楠和杜佩佩就跳下车，手拉着手往山沟里的小溪边跑去。

“等等我。”李壮从后面一辆车上跳下来，紧追了上去。

家长们分别从车上下来，冲着孩子们喊：“你们可别跑远了！”随后说说笑笑着从车上拿下帐篷、桌子、烧烤架等好多东西，开始搭建营地。

李壮跑回车前，从后备箱里翻找出工具，又匆忙往小溪边的山坡上跑去。

就在他们准备要挖的时候，身后突然传来杜佩佩爸爸的声音：“千万别挖！”

原来，李壮找工具的时候，杜佩佩的爸爸注意到了，便跟了来。杜佩佩爸爸认识兰花，所以及时制止了孩子们。

“其实，我们不仅不能随意采挖兰花，其他的花草树木我们也不能随意采挖。”杜佩佩的爸爸说，“大自然正是靠这些花花草草维护着生态平衡。”

“好吧！那我们去网鱼吧。”李壮说。

“你们不是要体验野外烧烤吗？”杜佩佩的爸爸提醒道。

“哦，对，那我们去烧烤！”三个孩子兴冲冲地往营地跑去。

可是等他们跑到营地的时候，却愣住了。

“唉，烧烤也吃不成了，真扫兴。”李壮叹了一口气。

“我们应该觉得庆幸，幸好警察及时阻止了，我们才没有做违法的事情。”杜佩佩爸爸说。

“可我们吃什么啊？”杜佩佩问。

“前面有个山涧庄园，你们可以开车去那里吃饭。”警察在离开之前，善意地提醒他们，“对了，这是保护野生植物和野生动物的宣传画册，你们了解一下。”说着，给大家一人发了一本画册。

大人们商量了一下，决定开车去山涧庄园。

山涧庄园景色宜人，因为距离吃饭时间还早，大人们就围坐在一起喝茶聊天，孩子们又跑着玩去了。可不一会儿，只见他们又匆匆跑来。

杜佩佩爸爸看过那些花之后发现，它们并不是罂粟花，而是外表与罂粟花有些相似的虞美人。这两种花第一眼看上去有些相似，但仔细分辨后就知道它们之间存在差别。虞美人外形优美、花色多彩丰富，杆子上有糙毛刺，具有很高的观赏价值，可以种植；而罂粟花的杆子是光滑的，私自种植罂粟就是违法行为。

一场虚惊过后，大家觉得肚子也有些饿了，于是叫来庄园老板，请他推荐几道这里的特色菜。

从山涧庄园回来后，爸爸发现杜佩佩一有时间，就盯着她的宠物龟发呆，有时候还跟它说悄悄话。这只宠物龟是在杜佩佩小的时候买的，已经养了好几年。

星期天一早，爸爸看见杜佩佩把宠物龟装进一个空盒子，然后又把盒子装进书包，说她要出去一下。

爸爸问她要去哪里，杜佩佩说和同学约好去公园读书。爸爸知道她书包里根本没有书，为了弄明白杜佩佩到底想干什么，爸爸先是假装答应了，然后悄悄地跟在她后面来到了公园，但没有看见等她的同学。正当爸爸疑惑时，他突然发现杜佩佩往湖边走去，他连忙跟了过去。

爸爸看到杜佩佩要把宠物龟放生，感到很惊讶。因为她从小养的这只宠物龟是巴西龟，巴西龟属于外来物种，生性比较凶悍，在野外捕食能力比较强，如果将巴西龟放生到野外，它可能会将附近水域的小鱼小虾全部捕食干净，并且在短时间内繁殖出更多的后代，那就可能给附近的水域和其他水生生物造成比较大的生存压力。

杜佩佩感到很郁闷，因为自己差一点好心办坏事，而且自己养的宠物竟然还是个外来物种。

“现在这只乌龟怎么办？” 杜佩佩觉得它就是一个“烫手山芋”。

“继续养着啊，只要不将它放生，就不会造成影响。”爸爸安慰道。

“唉，只能如此了！”杜佩佩叹了一口气，把宠物龟装进盒子，和爸爸一起往家走。

突然，她听到旁边一个小男孩在和妈妈哭闹。原来，小男孩一直站在边上盯着杜佩佩的乌龟看，觉得挺好玩，就闹着让妈妈给他也买一个。

可以看得出，杜佩佩同学的生态环境保护意识还是蛮强的。保护生态环境，功在当代，利在千秋，希望更多的同学能认识到生态环境保护的重要性。

和小律聊聊天

问 可以随便采摘野花吗？

答 当然不可以，有些野花被列入《国家重点保护野生植物名录》，如果采挖了，那可是违法行为！

问 为什么要保护生态环境？

答 生态环境的保护，关系人民福祉，关乎民族未来。守护绿水青山、守护美丽家园，除了遵守相关法律法规外，更需要我们每一个人养成良好的行为习惯，不要一时兴起，养一些外来物种。

跟着小警学法律

《中华人民共和国刑法》第三百四十四条之一规定：违反国家规定，非法引进、释放或者丢弃外来入侵物种，情节严重的，处三年以下有期徒刑或者拘役，并处或者单处罚金。

2 为了晴朗的天空

临近新年，小区里张灯结彩，到处洋溢着要过年的喜悦。邻里之间，见面后也都热情地询问年货有没有买齐。

孩子们则非常期待过年可以燃放烟花。过年前的几天，小区里的孩子只要聚在一起，就在讨论谁家买的烟花多。

为了证明自己家买的烟花多，李晓川还特意把大家带到自己家里，给他们展示墙角一大纸箱的烟花。

可是，就在大家满怀欣喜地等待着除夕来临的时候，小区的墙上出现了一张公告。

公告上说今年春节期间气候干燥，加上空气质量差，为了防止火灾事故的发生，保护空气质量，今年春节期间禁止在城区范围内燃放烟花爆竹。

这对于孩子们来说，无疑就是浇了一盆冷水，孩子们纷纷表示不满。

就连有些大人也觉得过年就应该燃放烟花，对“禁放令”有抵触情绪。

小区里的肖维维爸爸打算对这“禁放令”置之不理。

“爆竹声声辞旧岁，这都是老传统了。等除夕的时候我们大家一起放，看他能把我们怎么样。”肖维维爸爸说，许多人都附和表示同意。

李晓川也“怂恿”爸爸同意，但是爸爸坚决不同意。

李晓川不满地说：“你真胆小，你看看人家肖维维的爸爸，他就不害怕。”

“这不是怕不怕的问题。”爸爸打开了电脑，“来，你看看这几组数字，你就明白了！”

爸爸还告诉李晓川，近年的检测结果表明，燃放烟花爆竹会造成空气污染和噪音污染，有些地方已经达到重污染程度，对人的身体，尤其是老年人及有呼吸道、心脑血管疾病的人群影响很大。

听爸爸这样一说，李晓川想放烟花的念头一下子就打消了。

除夕当天，吃过年夜饭，大人们都在看春节晚会，小孩子们在院子里玩。

“一会儿我爸就要放烟花，你们就等着看吧！”肖维维得意地告诉大家。

“肖维维，你和你爸爸说，别放烟花了吧，会污染空气的。”李晓川对肖维维说，“而且，我爸爸说了，警察会查的。”

“你少管，你爸爸是胆小鬼，我爸爸可不是。”肖维维才懒得搭理李晓川。

大家都说让李晓川少管闲事，李晓川只好回到家，和爸爸妈妈一起看电视。

突然，只听“砰”的一声，窗外划过一道绚丽的亮光。

这一年，因为没有燃放烟花爆竹，空气里没有了刺鼻的味道，小区里也显得比往年干净而整洁。其实，对于许多人来说，没有放烟花虽然有点儿遗憾，但是为了城市的蓝天，放不放烟花似乎也没有那么重要，毕竟过年还有许多娱乐方式。

这天，李晓川和小伙伴们在小区里追逐打闹，突然听到有人喊他的名字，李晓川回头一看，原来是舅妈带着表姐来了。

李晓川听说舅妈和表姐要在家里住几天，特别高兴。因为表姐是一名初中生，平时喜欢看书，会讲许多有趣的故事。

可是，这次表姐没有给李晓川讲故事，而是问李晓川想不想挣钱。

孔明灯属于高空明火飞行物，升空后火焰温度高，而且人力没法控制，一旦坠落，极有可能引发火灾，威胁飞行器、高压供电设备、通信设备、山林、易燃易爆场所以及各类建筑物的安全，存在诸多安全隐患。

表姐和李晓川趴在电脑前，“货比三家”后，找了一家最便宜的，然后又经过一番讨价还价，把两人的零花钱全部用于买孔明灯了。

“一个孔明灯的成本是两块钱，我们就卖十块钱，这简直是暴利啊！”表姐兴奋地说。

此后一连几个晚上，李晓川每每想到这件事连做梦都笑醒了。

网购的孔明灯总算到了。

看着满满一大纸箱的孔明灯，表姐和李晓川好像看到了一纸箱的钱，两人都两眼放光。

为了不让父母发现，他们的一切行动都是偷偷进行的，就连孔明灯也被藏在了楼下的储物间里，不敢拿回家。

这天吃过晚饭，表姐和李晓川假装去玩了，实际上是拿了一些孔明灯到滨河公园售卖。

很快，他们就卖出了十多个孔明灯，这样下去，那些孔明灯很快就会被卖光的，他们两个心里特别高兴。

可就在这时候，两名警察出现在了他们面前。

“你们知不知道，燃放孔明灯有极大的安全隐患，孔明灯是不允许售卖的。”

“我们不知道……”表姐连忙说。

“那你们现在知道了吧？”警察和蔼地说。

“嗯嗯！”李晓川连忙点头。

“剩下的这些赶紧收起来吧，以后可不能再卖了。如果再卖的话，我们就没收了。”警察并没有为难他们。

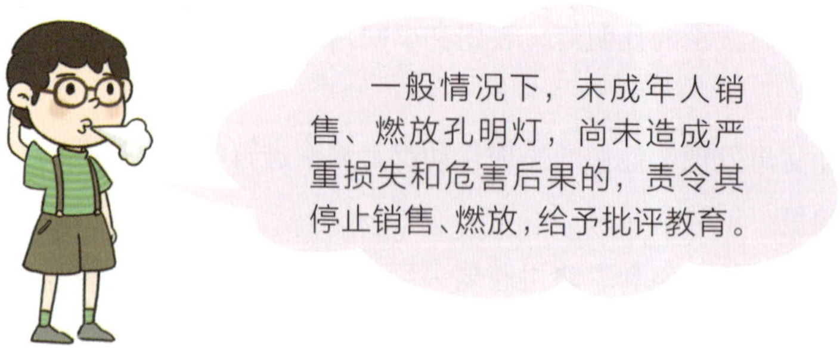

原本好好的生意被“搅黄”了，表姐和李晓川闷闷不乐地回了家。

“现在怎么办？”两人坐在储物间，看着一大箱的孔明灯一筹莫展。

“我们必须把这些全部卖掉。”表姐可不想自己全部的钱都打了水漂。

“还是算了吧，警察都说了，如果我们再卖，他们就会没收的。”李晓川有些犹豫。

“我们可以偷偷地卖啊！”

李晓川也不想自己的零花钱血本无归，事已至此，只能听表姐的。

第二天，他们俩又用塑料袋装着孔明灯上街了。

“看来燃放孔明灯真的不安全！”表姐心有余悸。

“那个孔明灯不会是我们卖出去的吧？”李晓川越想越害怕，“我再也不卖了！”

“那剩下的这些怎么办？”表姐也感到后怕。

“为了不惹祸上身，我们还是扔了吧。”

于是，表姐和李晓川把剩余的孔明灯全部扔进了垃圾桶。

“唉，这下真的是血本无归了。”表姐叹了一口气。

“这叫及时止损！”虽然钱没赚到，但李晓川的心里却觉得很轻松。

和小律聊聊天

问 到底应不应该禁放烟花爆竹？

答 生态环保部门的检测数据显示，燃放烟花爆竹，最大的危害就是大气污染和噪音污染。禁止燃放烟花爆竹，不仅是对环境的保护，也有利于人们的身心健康。除此之外，大量燃放烟花爆竹，也是一种资源的浪费，会产生大量的垃圾，存在一定的安全隐患。

问 为什么要禁止燃放孔明灯？

答 近年来，针对燃放孔明灯引发的各种事故，许多地方明令禁止任何单位和个人生产、销售、燃放孔明灯。 燃放孔明灯后患无穷，会引发很多难以预料的案件。如果燃放孔明灯引发火灾或爆炸等严重后果，构成犯罪的，会依法追究刑事责任。

跟着小警学法律

《中华人民共和国大气污染防治法》，就是为保护和改善环境，防治大气污染，保障公众健康，推进生态文明建设，促进经济社会可持续发展而制定的。凡是违反本法规定，排放大气污染物造成损害的，都将依法承担侵权责任，构成犯罪的，依法追究刑事责任。

3 是谁弄脏了河水

学校刚确定了放暑假的时间，夏林就把爸爸的一套钓鱼工具翻了出来。因为他这学期表现优秀，爸爸妈妈允许他这个假期去舅舅家玩几天。

舅舅家在一个依山傍水的小村庄，属于长江流域，村庄外面的小河里有许多的鱼。舅舅在电话里答应等他来了带他和表哥陈小亚去钓鱼。

放暑假了，夏林迫不及待地来到了舅舅家。

这天吃完饭，舅舅带夏林和表哥去河边钓鱼。

“只有我陪同的时候，你们才能去河边玩。你们不能养成私自去河边玩的习惯，这样不安全，知道吗？”舅舅认真地说。

“嗯，知道！”他们俩连忙点头答应。

可舅舅一看夏林准备的钓具，却眉头紧皱。

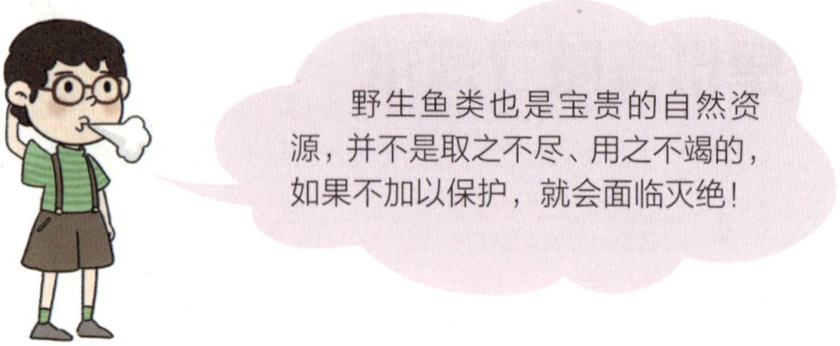

“野外钓鱼也有这么多规矩吗？”夏林很是意外。

“那当然了，宣传牌到处都是，宣传车也天天来宣传。”陈小亚抢着说。

舅舅也郑重地点了点头。

“好吧，那我就不用这种钓具了。可是我用什么钓呢？”夏林为难地说。

“看，我早给你们准备好了。”舅舅分别递给夏林和陈小亚一根青竹竿，上面绑了一根普通的渔线，还有鱼钩。

“这能钓到鱼？”夏林瞪大了眼睛。他以前跟着爸爸去钓鱼，别人拿的钓鱼装备都非常先进，而且就算那么先进的装备也不一定能钓到鱼。

“去试试就知道了。”舅舅说着带他们来到了小河边。

两个年轻人吓了一跳，等他们看清楚遇到的是钓鱼的人后，却笑嘻嘻地说：“别喊，你们不是也在钓鱼吗？等我们炸到鱼，分给你们几条。”

“我们钓鱼是为了娱乐，你们炸鱼可是违法的！”舅舅回答道。

两个年轻人被舅舅的话镇住了，收拾好他们的“作案”工具，赶紧走了。

“哇，舅舅，你可真厉害！”夏林对舅舅的勇敢很是钦佩。

“不是我厉害，是他们也知道自己的行为是违法的。”舅舅笑呵呵地说。

“他们既然知道自己的行为是违法的，为什么还要这么做？”夏林疑惑道。

“因为他们抱有侥幸心理啊。”舅舅回答。

突然，陈小亚指着河对岸说：“你们看，对面好像漂着什么东西！”

鱼类虽然也有“生老病死”，河里偶尔有死鱼是正常现象，但是如果出现较多的死鱼时，一定要引起重视。

舅舅让夏林和陈小亚收了钓鱼的东西先回去，他要去上游看看，夏林和陈小亚则表示也要一起去。于是三人便沿着河边往上游走，过了一座小桥，来到了对岸。

他们发现对岸不时有死鱼出现，于是他们继续往上游走。

“这什么味道，好难闻！”夏林突然闻到一股刺鼻的味道。

“前面有家养殖场，味道肯定难闻。”陈小亚也捂着鼻子说。

舅舅却若有所思地说：“这里除了养殖场的味道，好像还有别的味道。”

“看，这河里的水都被污染了，肯定是这污水把鱼熏死的！”夏林突然发现了一条被污染的小河。

这个时候，天已经快黑了，也不能再钓鱼了。虽然没有钓到鱼，但是舅舅说，只有先保护好鱼，让它们得以繁衍生息，才有鱼可钓。夏林想了想，觉得很有道理。

随后，他们三人便回家了。

第二天，夏林早早地起床后，看见舅舅拿了一个网兜。

“舅舅，你这是要去捞鱼吗？”

“对啊，今天带你们去捞鱼。”舅舅笑着说。

“爸爸，不是不能捞鱼吗？你忘了？这是违法的！”陈小亚连忙提醒道。

“违法的事情我们肯定不能做，一会儿你们就知道了。”舅舅说。

捞完鱼一回到家，舅舅便交代他们两个好好在家玩，他有重要的事情要去做，然后就带着昨晚的矿泉水瓶和今天早上捞的死鱼匆匆走了。

下午的时候，舅舅回来了，夏林还没来得及问他去做了什么，突然有两个人在敲门。他们一个长得高瘦，一个长得矮胖。其中胖的拎着公文包，瘦的拿着烟和酒。

胖的那人一脸献媚地将脸凑到舅舅眼前，说："这件事只要你不往外说，什么都好商量。"

瘦高个连忙将礼品送到舅舅跟前，说："这是一点儿心意。"

而舅舅却看也不看，直接将他们轰出门外。

看来舅舅是找到非法向河道内排放有害物质的证据了。其实这些人知道他们的行为是违法犯罪，可就是抱着不可能被发现的侥幸心理继续做违法的事情。

一连几天，舅舅都在忙。夏林也该回家去了，但钓鱼却一直没有提上日程。不过，除了钓鱼，村庄里还有许多有趣的事，并且有陈小亚的陪伴，夏林也觉得很快乐。

就在夏林要离开的那一天，一阵警笛声打破了村庄的宁静。

原来，舅舅把用矿泉水瓶装的污水和死鱼拿去进行了化验，结果发现里面果然含有有害物质，于是便向环保部门和公安部门举报了。

虽然这次来舅舅家，夏林没有钓到一条鱼，但是他知道，只要青山依旧，绿水长流，河里有鱼，以后还有很多机会能感受钓鱼的乐趣。

和小律聊聊天

问 为什么不能炸鱼？

答 炸鱼的强大破坏力几乎会杀死附近的全部鱼类，属于严重破坏渔业资源和水域生态环境的捕捞方式，是被明令禁止的。

问 为什么要对水资源污染引起重视？

答 水是生命的源泉，它滋养着万物；植物为人类和动物提供充足的氧气；动物保持生态多样性，维持生态平衡。可以说，大地上所有存在的生物，都有着非同寻常的价值。

跟着小警学法律

“《中华人民共和国刑法》第三百三十八条规定：违反国家规定，排放、倾倒或者处置有放射性的废物、含传染病病原体的废物、有毒物质或者其他有害物质，严重污染环境的，处三年以下有期徒刑或者拘役，并处或者单处罚金；情节严重的，处三年以上七年以下有期徒刑，并处罚金；有下列情形之一的，处七年以上有期徒刑，并处罚金：

（一）在饮用水水源保护区、自然保护地核心保护区等依法确定的重点保护区域排放、倾倒、处置有放射性的废物、含传染病病原体的废物、有毒物质，情节特别严重的；

（二）向国家确定的重要江河、湖泊水域排放、倾倒、处置有放射性的废物、含传染病病原体的废物、有毒物质，情节特别严重的；

（三）致使大量永久基本农田基本功能丧失或者遭受永久性破坏的；

（四）致使多人重伤、严重疾病，或者致人严重残疾、死亡的。

有前款行为，同时构成其他犯罪的，依照处罚较重的规定定罪处罚。”

4 守护共同的家园

在大山脚下，有一个小村庄，阿轩家就住在这个村子里。村子周围是一块块的田地，远处是一片山林。

秋天来了，绿绿的白菜长出来了，可村子里的人却开始发愁了。因为菜苗的嫩芽是山里鸟雀最喜欢的“美味”，菜叶会被它们啄得全是孔。一开始，村子里的人扎了一些稻草人放在田地里，还给稻草人穿上了衣服。风一吹，稻草人晃动起来，鸟雀就吓得不敢来了，可是后来鸟雀变聪明了，根本不怕稻草人，只能由人守在田地里赶鸟雀。

阿轩的爸爸外出工作了，妈妈最近身体不好，所以，赶鸟的任务就落在了阿轩的身上。

大伯家的地和阿轩家的地相邻，大伯觉得天天赶鸟太麻烦，于是在网上买了粘网，据说鸟雀只要触碰到这个网，就会被牢牢地粘在上面，根本没法挣脱，所以粘网被称作捕鸟“神器”。

“可是捕鸟是违法的！”阿轩说。

“什么违法？它们吃我们的菜，我们这是除害。”大伯理直气壮地说。看到阿轩有些怀疑，大伯又接着说，“放心，它们就是普通的山雀，不是什么重点保护动物。”不用赶鸟了，阿轩早早地回到了家。

“咦，今天怎么回来得这么早？”正在做饭的妈妈觉得很奇怪。

“大伯在地边架了一个捕鸟的网，他说以后不用天天去赶鸟了。”阿轩说。

“那能有用吗？”妈妈疑惑地问。

“如果有鸟飞到地里，就让它插翅难逃。”大伯的声音从身后传来。

虽然不用再去赶鸟了，可是阿轩并没有很开心。因为老师讲过，鸟类是人类的好朋友，虽然它们吃农作物不对，但它们也是为了生存。第二天一早，他就匆匆跑到地里去看。

大伯高高兴兴地拎着鸟笼走了。

阿轩呆呆地站在地里，看着林子里不时飞出来的小鸟，它们就像森林中的精灵，正是因为有了它们，山林才有了生机。

阿轩突然有了一个大胆的想法。

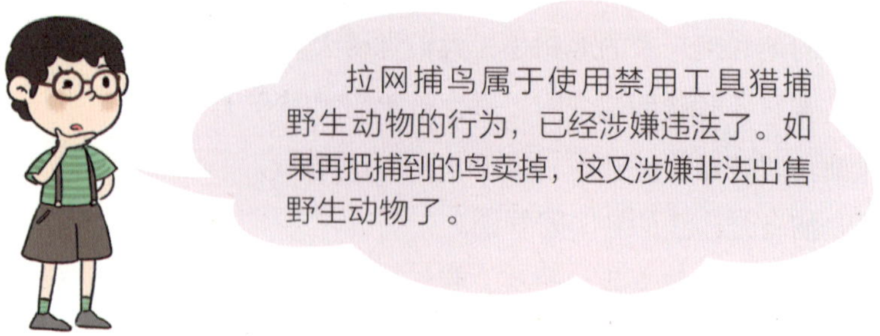

下午，一辆警车突然驶进了这个小村庄，打破了村庄原有的宁静，许多人都从家里出来看究竟发生了什么事。

谁知，大伯垂头丧气地从警车上下来，手里拎着他的鸟笼。

原来，大伯把鸟拿到市场上去卖，被警察发现了。大伯刚开始还理直气壮，说他抓鸟是“为民除害”，警察问他是怎么抓的，他也直言不讳地说是用粘网抓住的。

警察要求大伯带他们到现场去看看。

“就是这儿……咦，我的网呢？”大伯指着自己家的菜地说。

警察对大伯说：“你看，连孩子都知道捕鸟是不对的，你还用网去捕。你知不知道，粘网属于非法猎捕工具，你的这种行为是违法行为。你应该感谢这个孩子，如果不是他及时把网取掉，你再多捕几只鸟的话，你的问题就更严重了！”

大伯连连点头：“我知道错了，我再也不捕鸟了。”

鉴于大伯已经认识到错误，而且捕捉的鸟雀也没有出售，警察只是对他进行了批评教育。

随后，阿轩把鸟笼打开，三只鸟从笼子里飞进了树林。

为了防止鸟雀吃农作物，警察建议大家可以在地里悬挂闪光条，或者录一些老鹰的叫声在田间播放。大家听从了建议，果然，来吃菜苗的鸟雀少了很多，人们也不用到地里去赶鸟了。

这天，村子里十分热闹，人们都聚集在一起，原来，村子里来了一个收购木材的人。

“俗话说，‘靠山吃山，靠水吃水’，你们靠着大山，砍些树来换钱怎么了？”收购木材的人不以为意地说。

“现在是生态文明建设时期，‘绿水青山’就是‘金山银山’！”阿轩爸爸说道，“况且，在没有采伐许可证的情况下，任何单位和个人私自砍树，都是盗伐林木的行为！”

最终，在爸爸和阿轩的劝阻下，大伯和村子里的人都没有去砍树，因为谁也不想冒违法的风险。收购木材的人只好离开了。

大家很快就将这件事抛在脑后了。可是这天，大伯和村子里的一些人正在商量过几天要不要请人来唱戏，突然看见上次那个收购木材的人又来了。

“你走吧，没有人会做违法的事。”大伯“吃一堑长一智”，一看到那个人从车上下来，就连忙挥手让他离开。

收购木材的人却笑眯眯地从包里拿出一份文件，在他们面前晃了晃，说：“我有采伐许可证，我现在雇用你们为我砍树，这总不算违法吧？”

“你真的有采伐许可证？”大伯将信将疑。

“真的啊，我这几天就在办这件事情，刚办好就来找你们了。”他又晃了晃手里的文件。

大伯接过文件看了看，果然是木材采伐许可证。

这几天，大家都去山上砍树了，只有阿轩爸爸一直在家里。因为阿轩爸爸心里充满了疑惑，总觉得这件事情没有表面上那么简单。

阿轩也不希望爸爸去砍树，因为如果把树都砍光了，那些鸟就没有家了。

如果大家都觉得砍几棵树不要紧，那么今天砍几棵，明天砍几棵，树迟早会被砍光。时间久了，山变得光秃秃的，一旦下雨，就有可能形成泥石流，会给村庄带来毁灭性的灾难。

收购木材的人正在指挥大伯和几个村民把之前砍倒的树木往车上装。突然，一阵警笛声传来，大家停止了干活儿，面面相觑。收购木材的人愣了一下，神情突然有些紧张。

警察从车上下来，问是谁允许他们砍伐森林的。

村民们这才明白过来，他们被这个收购木材的人骗了。

聪明反被聪明误，收购木材的人自以为精明，虽然骗过了村民，但他的行为已经触犯了法律。

警察对村民们进行了批评教育，林业主管部门责令他们明年春天的时候补种砍伐株数三倍的树木。

“这下，鸟儿就不怕失去家园了！”阿轩高兴地想。

和小律聊聊天

问 使用禁用工具有什么危害？

答 使用禁用工具或者方法，对野生动物进行猎捕，就像“竭泽而渔”，会造成大量野生动物的伤害和死亡，从而破坏生态平衡。

问 有采伐许可证也不能随意采伐林木吗？

答 法律规定，即使持有采伐许可证，但如果有不符合采伐证所规定的地点、数量、树种、方式，任意采伐林木的行为，都属于滥伐林木。这个木材老板，将会被追究法律责任。

跟着小警学法律

《中华人民共和国刑法》第三百四十五条第二款规定：违反森林法的规定，滥伐森林或者其他林木，数量较大的，处三年以下有期徒刑、拘役或者管制，并处或者单处罚金；数量巨大的，处三年以上七年以下有期徒刑，并处罚金。